美しい日本の言《こと》霊《だま》

歌謡曲から情緒が見える

藤原正彦
Fujiwara Masahiko

PHP新書

まえがき

日本というのは実に不幸な国である。国土は狭小《きょうしょう》なうえ、大地震、大津波、大台風、大洪水、大噴火がひっきりなしに襲う。世界の地震の九割近くを一手に引き受ける環太平洋地震帯の荒波に、四つの大火山がポッカリと頭を出している、というのが我が日本の姿である。こんな日本を見て、私は若い頃から、神様ほど不公平で無慈悲なものはないと思っていた。

ところが年とともに、そうでもないと考えるようになった。日本は青い海に囲まれ、富士山をはじめとする絵のように美しい山や花、湖に恵まれている。そのうえ、世界でも珍しいはっきりした四季があり、季節ごとに国土は多彩な植生で覆われる。明治初年に訪れたヨーロッパ人は、「日本は国全体が国立公園のようだ」と感嘆した。氷河時代に氷河で覆われてしまった欧米と異なり、氷河を免《まぬか》れた日本は世界でも例外的に植生が豊か、すなわち草花や樹木の種類が途方もなく多いのである。秋の山々が色とりどりに染まるのは、そのためである。ヨーロッパの山々は大体が黄色一色だ。

神様は世界一不幸な国土に、世界一美しい自然を付与されたのであった。さほど不公平でも無慈悲でもなかったのである。

そればかりではない。天災ばかりのこの不幸な国土で、災害に遭遇した人々が助け合いながら生きていくための知恵として、人々の絆、親切、自己犠牲、忍耐、秩序、勇気、正直、礼節などの形、そして何より惻隠《そくいん》の情が生まれた。一方、美しい国土からは類稀《たぐいまれ》な美的感受性が育《はぐく》まれ、この二つがやがて結合し、仏教の無常観などを包含し「もののあわれ」となり、世界に冠たる日本文学や古典芸能を産んだ。そして、この流れが二十世紀になって歌謡曲にもつながった。

二十世紀最大の文化人類学者といわれるレヴィ=ストロースは、こんな趣旨のことを言った。「私には西洋古典音楽があまりに深く沁《し》みついているので、それ以外の音楽に共感することはほとんどなかった。ただ日本の近代の音楽は例外で、たちまち私を虜《とりこ》にしてしまった。平安時代の文学の底流をなしている『もののあわれ』が、こういった音楽にも表現されていたからである」。

私は「もののあわれ」に富んだ昭和歌謡が大好きである。元気な時、元気を鎮《しず》めたい時、悲しい時、悲しみを鎮めたい時、うれしい時も淋しい時も昭和歌謡を歌う。雨の中を歩く時に歌う曲さえいくつかある。小雨《こさめ》の夕方には小夜福子《さよふくこ》の『小雨の丘』（「雨が静かに降る　日暮の街はずれ」……）だ。暗く陰鬱《いんうつ》な雨だと淡谷のり子の『雨のブルース』（「雨よふれふれ　なやみを流すまで」……）とか『君忘れじのブルース』（「雨ふれば雨に泣き　風ふけば風に泣き」……）となる。小さな女の子が傘をさしてとぼとぼ歩いていたら、童謡『雨』（「雨がふります　雨がふる」……）だ。

歌は自在に選ばれ、歌われ、日常の些事《さじ》に流されている状況から本来の自分を取り戻してくれ、人生に彩《いろど》りを添えてくれる。

昭和末期に生まれた三人の息子たちは、私が昭和歌謡を大声で歌ったり、ドライブ中にステレオで聴いたりするのを嫌がらない。昭和歌謡も平成や令和の歌もクラシックも、よいものはよい、悪いものは悪いという姿勢である。十数年前のことだが、大学院生の長男の部屋から「お江戸日本橋　師走も暮れる……」の歌が聞こえてきた。昭和六年の『日本橋から』だ。藤原家の清く正しい血は健在と、ひそかに快哉《かいさい》を叫んだ。

問題は女房である。私が昔の思い出に浸《ひた》りながら歌っているうちに、気分が高揚し声が大きくなると、私の大声を圧する「ウルサーイ」が発せられるのである。田舎の半鐘《はんしょう》から流れる歌謡曲に育てられた私と違い、女房の方は鎌倉の洋館で、第一次大戦前にドイツに留学していた祖父が持ち帰った数百枚のクラシックレコードばかりを聴いて育ったのだ。結婚前にそのことを聞いて、悪い予感はしていたのだが。

それが最近、「ウルサーイ」がめっきり少なくなった。若い頃はほとんど音痴だった私の歌が、何十年も毎日、ユーチューブやCDに合わせて歌っているうちに極端にうまくなったからかもしれない。昭和歌謡の専門家でもある作家の五木寛之さんの前で、昭和三十四年の『僕は泣いちっち』を歌ったら「数学者が『僕は泣いちっち』ですか」と一笑してから、「レコードに入れたらどうですか」と言われたし、ビリーバンバンの前で昭和四十七年の『さよならをするために』を歌った時も「この歌の出だしは難しいのですが、お上手ですね」とほめられたほどだ。

女房が静かになったのは、私の美声を耳にしているうちに、いつの間にか昭和歌謡の隠れファンになってしまったのだろう。西洋かぶれだった女房も少しずつ真人間になってきたようだ。

美しい日本の言霊《ことだま》

目次

第一章　父の歌、母の歌

第二章　生きるために歌う

第三章

異郷と故郷

第四章

恋に恋する日々

第五章

情緒の核心は「懐かしさ」

第一章

父の歌、母の歌

ぞうさん

作詞：まど・みちお　作曲：團伊玖磨《だんいくま》

ぞうさん
ぞうさん
おはなが　ながいのね
そうよ
かあさんも　ながいのよ

ぞうさん
ぞうさん
だれが　すきなの

あのね
かあさんが　すきなのよ

母親は、自分を愛してくれる絶対的存在である

まだ都立大学の助手だった頃、数学の問題が解けなくなると、地方に旅に出て、その地で考えるという習慣があった。

これは今でもそうなのだが、私は「うまくいかないのを自分の責任にしない」ことを旨としている。失敗は誰かのせい、何かのせい、あるいは単なる不運、とすること。これで精神の安定が保たれる。

数学の問題が解けないのにも、たくさんの理由があった。

家の雰囲気が悪い、東京の空気が悪い、大学での雑用が多く集中できない、美しい自然が周囲にない……。うまく解けない、天才的才能を発揮できないのを、自分ではなく全部他のせいにして、伊良湖岬《いらごみさき》（愛知県）、鳥取砂丘、九十九里《くじゅうくり》（千葉県）、津和野《つわの》（島根県）、仙酔《せんすい》

島《じま》（広島県）、蒲郡《がまごおり》（愛知県）、明治村（同）など、地方に逃避行したのである。新しい環境の中で、一週間ほど集中して考えようというのである。助手として学生の演習を受け持っていたが、しばしば休講とした。申し訳ないと思いつつ、真理の探求に命をかけているのだから許してもらえるはず、と自らに言い聞かせていた。

ある年の春、琵琶湖《びわこ》西岸の近江舞子《おうみまいこ》（滋賀県）に泊まった。白砂青松《はくしゃせいしょう》の砂洲《さす》が広がる、風光明媚《めいび》の地である。夏は湖水浴客で賑《にぎ》わうのだが、まだ閑散としていた。

助手の安月給ゆえ、泊まるのは専《もっぱ》ら国民宿舎や国民休暇村で、この時も「近江舞子ロッジ」という国民宿舎だった。

数学者の考える問題に、パッと解けるものはひとつもない。古今東西の数学者が解けなかった問題だけが残っているのだから当然だ。文字通り二十四時間、寝ている時も考える。実際、夜中の着想に備え枕元には常にノートとボールペンを置いていた。私は近江舞子の砂浜や近くの松林でじっと考え続けた。

三～四日経《た》った頃だろうか。隣の部屋から急に、歌が聞こえてきた。耳を澄ました。

〈ぞうさん／ぞうさん／おはながながいのね……〉

童謡の『ぞうさん』だ。

当時の国民宿舎は変わった造りで、入口ドアの下部が格子《こうし》になっていた。中は覗《のぞ》けないようになっているのだが、格子だから音が漏れる。隣室の格子を通り、私の部屋の格子を通り、歌声が聞こえたのである。

どうやら二歳ぐらいの女の子とお母さんの二人らしかった。お母さんがやさしい声で歌いだすと、女の子も一緒になって歌う。しばらくすると、たどたどしく、

「もう一回歌って」

と女の子がお願いする。

するとまたお母さんが「ぞうさん、ぞうさん……」と歌いだす。女の子が一緒になって歌う。それが延々繰り返されたのだ。そして私は、それを延々聞いていたのである。母親の声は、我が子を慈《いつく》しむような、優しく包み込むような声だった。

最初は正直、「まいったな」と思った。集中を妨げられ、ただでさえうまく解けない数学が、ますます解けない。仕方なく砂浜まで行き、座って考える。宿舎に帰ってくると、また『ぞうさん』だ。

最初は、亭主がゴルフにでも行っていて、母子で留守番しているのだろうと思っていた。ところが、夜になっても男の声がまったくしない。

いつの間にか、目にしたこともない母親の顔が竹久夢二《たけひさゆめじ》の美人画に重なった。こちらは問題が解けない悲しい数学者、向こうは和服を着た薄幸の佳人。私たち二人はすでに、深く心の中でつながっている！　二人は支え合い、慰め合う運命にある、と確信した。

翌朝、朝食の時に食堂で親子連れを探した。それらしい二人はいなかった。時間をおいて何度も食堂を覗いたが、親子連れはいない。ところがやはり隣から『ぞうさん』が聞こえてくる。

そんなことを繰り返していたら、三日目にピタリと歌がやんだ。顔も見ないうちに、親子は宿を出てしまったのだ。私はひとり、『ぞうさん』を歌い続けた。もちろん、数学の問題は解けなかった。

鼻が長い理由

『ぞうさん』は、オペラも作る本格的な作曲家・團伊玖磨が、昭和二十七年に作曲した童謡である。鼻の長い象の様子を、見事なメロディにしている。

あとになって、作詞した詩人のまど・みちおが、「この世に生きるすべての生き物は、そのままの姿が一番素晴らしい」という意味を込めて作ったと知った。

子象は周囲から「鼻が長い」と馬鹿にされていた。それに対して、大好きなお母さんも鼻が長いのだから、そのままでいいのです、という歌だったのである。

ただ詩は、読者が味わい、自分なりに読み解くものでもある。

私自身はこの歌を、姿かたちの自己肯定でなく、別の意味にとっていた。

「皆にいじめられたとしても、金がなくても、地位や名誉がなくても、友人がいなくても、神さまがいなくても、あなたを産んでくれたお母さんは必ず、あなたを全身全霊で愛していますよ。何があっても絶対にあなたを裏切りませんよ。だから自信を持って生きなさい」

『ぞうさん』はそういうメッセージを発しているように、思えてならないのである。

三日間、母親は娘に『ぞうさん』を歌って聞かせることで、母の無限の愛を伝えていたのではないか。

今でも娘を膝に乗せた和服姿の母親の、やさしく美しく憂いに満ちた顔を思い浮かべることができる。

女房に二十代だった頃の私の、この竹久夢二の絵から飛び出たような佳人とのやるせない恋の話をしてみた。感動で目を潤ませると思ったら、

「あなた、その頃から気持ち悪い人だったのね」

と言った。

赤城《あかぎ》の子守唄

作詞：佐藤惣之助《さとうそうのすけ》　作曲：竹岡信幸《たけおかのぶゆき》

一
泣くなよしよし　ねんねしな
山の鴉《からす》が　啼《な》いたとて
泣いちゃいけない　ねんねしな
泣けば鴉が　またさわぐ

二

坊や男児《おとこ》だ　ねんねしな
親がないとて　泣くものか
お月さまさえ　ただひとり
泣かずにいるから　ねんねしな

三
にっこり笑って　ねんねしな
山の土産《みやげ》に　何をやろ
どうせやくざな　犬張子《いぬはりこ》
貰《もら》ってやるから　ねんねしな

年齢を重ねて、いよいよ胸に沁みる子守唄

『赤城の子守唄』は昭和九年に発表された。〝日中戦争前夜〟とも言うべき不穏な世相の中

だった。作詞は『人生の並木路《なみきみち》』で知られる佐藤惣之助、作曲は『支那《しな》の夜』の竹岡信幸である。竹岡は「父親が歌う子守唄をつくりたかった」と述べたそうだが、その子守唄を歌ったのが東海林太郎《しょうじたろう》だった。

これはもともと、上州《じょうしゅう》国定《くにさだ》村生まれの俠客《きょうかく》を主人公とするいわゆる〝国定忠治《ちゅうじ》もの〟の映画の主題歌だった。忠治の子分が命を落とし、赤ん坊の息子が残される。この子のために、忠治の子分の浅太郎がこの子守唄を歌うという設定である。ステージ上でも東海林太郎が浅太郎に扮《ふん》し、まだ幼い高峰秀子を背負ってこの歌を歌ったという。

東海林太郎というと、燕尾服《えんびふく》にロイド眼鏡、直立不動の姿勢がトレードマークだったが、彼の真骨頂は何ともいえない哀愁を帯びる高音部だ。私などは、高音部に哀愁の漂うことがテノール歌手の優秀さの証《あかし》とさえ信じている。三大テノールといわれるパヴァロッティ、ドミンゴ、カレーラスのうち、私がドミンゴを最も好むのはそのためだ。〈山の鴉が　啼いたとて〉の部分で、東海林の声が裏返ってかすれる。私はここでまいってしまう。東海林太郎が泣きながら歌っているように聞こえるのだ。

『赤城の子守唄』の一番には、四行すべてに「なく」という言葉がある。まさに高音部で泣く東海林太郎のための歌詞である。このレコードは五〇万枚売れた。当時、日本には蓄音機が一〇〇万台しかなかったと言われているから、大変なヒットだ。この一曲で東海林太郎の名前は一気に世に知れ渡ったらしい。続いて『国境の町』や『愛国行進曲』『麦と兵隊』などを歌った。

東海林太郎の歌は、何を聴いても哀愁が滲《にじ》む。東海林太郎自身、泣きながら人生を歩んでいたような人だから、それが歌に滲んでいるのかもしれない。秋田中学にいた頃、音楽が好きでヴァイオリニストを目指したが、父親がそれを許さなかった。早稲田の商学部を卒業して南満州鉄道へ就職したが、左翼的な論文を書いて左遷され、七年で退社してしまう。そして、東京に戻って中華料理店を営む、という流転《るてん》の人生だった。

東海林太郎は軍歌を歌っても哀愁があった。たとえば、『麦と兵隊』は日中戦争で行軍する日本軍の歌だが、兵隊たちはこの歌を歌いながら泣いていたのではないだろうか。日露戦争には大義があったが、日中戦争は大義の見当たらない戦争だったから、兵隊たちはなぜこんな戦争をするのか、と苦悩していただろう。今のロシア兵もウクライナで戦いながら、同じことを考えているのではないか。ロシア人の大半はウクライナに親戚がいるのだからなおさらである。

病魔と闘いながらの音楽人生

『愛国行進曲』など勇ましい軍歌をいくつも歌ったため、東海林太郎は戦後十年間ほど不遇だった。歌った人だけでなく、作曲した人も、作詞した人も不遇だった。文壇でも画壇でも経済界でも学界でも、同じような理不尽があった。祖国のために尽くした人は排斥《はいせき》されたのである。東海林太郎はまた、戦後、三回もがん手術をしている。病魔と闘いながら歩んだ音楽人生だったから、復帰後、哀愁が倍増されたような気がする。その素晴らしい歌唱は、日本人の心をつかまずにはいなかった。

私は『赤城の子守唄』を、若い頃はただしんみりした子守唄だと思って聴いていた。ところが、三十六歳で父を亡くした頃から強く胸を打つようになった。八年前に母を亡くしてからは、二番の〈坊や男児だ　ねんねしな　親がないとて　泣くものか〉という歌詞を、ひとりでしんみり歌っていると涙がこみ上げてくる。子どもの頃、親のない子の辛酸について、物語で読んだり母から何度も聞かされていた。とうとう私自身もみなし子になってしまった、という感慨が湧《わ》いてくるのだ。同時に〈坊や男児だ〉の言葉に、私自身が両親を失った悲しみに耐えていることにも思い到《いた》り、そんな自分が不憫《ふびん》で、また涙がこみ上げてしまう。年齢を重ねて、いよいよ胸に沁《し》みる特別な子守唄なのである。

たきび

作詞：巽聖歌《たつみせいか》　作曲：渡辺茂

一
かきねの　かきねの　まがりかど
たきびだ　たきびだ　おちばたき
「あたろうか」「あたろうよ」
きたかぜ　ぴいぷう　ふいている

二

さざんか　さざんか　さいたみち
たきびだ　たきびだ　おちばたき
「あたろうか」「あたろうよ」
しもやけ　おててが　もうかゆい

三

こがらし　こがらし　さむいみち
たきびだ　たきびだ　おちばたき
「あたろうか」「あたろうよ」
そうだん　しながら　あるいてく

右袖を光らせながら遊んだ頃の、冬の風物詩

『たきび』を作詞した巽聖歌は、雑誌『赤い鳥』に投稿して育った詩人・童話作家である。『赤い鳥』は夏目漱石門下の鈴木三重吉《みえきち》が大正七年に創刊し、三重吉没後の昭和十一年に廃刊となった児童雑誌で、芥川龍之介や北原白秋ら錚々《そうそう》たる人たちが寄稿した。実は私が生まれて初めて読んだ本も『赤い鳥』だった。

私は終戦後、母に連れられ兄妹《きょうだい》とともに一年余りの苦難のあとに満州から引き揚げてきた。三歳だった私はしばらく、信州の諏訪《すわ》にある母の実家にいた。満州中央気象台の高層課長だった父は、戦後の引き揚げの途中に何の理由もなくソ連軍に連行され抑留生活を送っていた。その父も昭和二十一年秋には帰国し、昭和二十二年には焼け跡にできた東京・竹橋《たけばし》の中央気象台官舎に一家で移り住んだ。食べるものにも事欠く時代で、父は満員で鈴なりの汽車の屋根に乗って千葉県までサツマイモを買い出しに出かけたりしていた。

そんなある日、父が『赤い鳥』という題名の分厚い本を買ってきてくれた。頁《ページ》を開くと「赤い鳥　小鳥　なぜなぜ赤い　赤い実を食べた」という北原白秋の詩などが載っていた。雑誌『赤い鳥』に掲載された作品の中から優れたものを選んで収録した、精選集のような本だった。裸一貫で日本にたどり着いた私たちに、本などは他に一冊もなかったから、学校に入る前の私はこれを何度も何度も繰り返し読んだ。

私が『たきび』を最初に聴いたのは、昭和二十四年に放送が始まったNHKラジオの『うたのおばさん』という子ども向け番組でだった。番組では松田トシと安西愛子というふたりの歌手が美声を披露していたが、子どもの私は「何と美しい声」と感嘆するだけで、『たきび』を歌うのがどちらだったかはわからなかった。冬になると、男の子も女の子も〈かきねの　かきねの　まがりかど　たきびだ　たきびだ　おちばたき〉と声に出して歌っていた。

巽聖歌は岩手県の出身だが、当時は東京の中野に住んでいて、その辺りの風景を歌にしたという。昭和二十年代、三十年代は、焚火《たきび》は冬の風物詩だった。庭でも公園でも、皆が焚火をしていた。わが家でも焚火をした。昭和二十四年に、母が自らの引き揚げ体験を書いた『流れる星は生きている』がベストセラーになり、東京・吉祥寺に土地を買うことができた。坪単価二〇〇〇円で一五〇坪だから合計三〇万円が必要だが、そのうちの二〇万円は母の印税、残り一〇万円は、父が『強力伝《ごうりきでん》』で『サンデー毎日』の懸賞小説の第一席に選ばれ獲得した賞金だった。この三〇万円が当時のわが家の全財産だったから、そこに二〇坪の小さな家を建てる資金は全額、金融公庫から借りた。父が中央気象台からもらう安月給の三分の一くらいはこの借入金の返済でとられてしまったから、父が直木賞をとり人気作家となるまでの十年間ぐらいは、一合ビンの牛乳を三人兄妹で分けて飲んだり、おかずがない日はご飯に醤油をかけて食べるという倹約生活を強《し》いられていた。

あの頃、東京は寒かった

　家は小さくても庭だけは広いから、そこでよく焚火をした。ヒバの垣根で囲った庭に、コブシや木犀《もくせい》、木蓮《もくれん》、白樺《しらかば》、柿など故郷の信州によくある木々が植えられていて、落ち葉はふんだんにあった。

　焚火は、日々の暮らしで必須《ひっす》のものでもあった。ゴミ回収などはなかったから、生ゴミは母が庭の隅に穴を掘って埋めていた。チリ紙や新聞紙など燃えるゴミは、その横で落ち葉と一緒に燃やしていた。燃やす時はいざという場合に備え、傍《かたわ》らには必ず大きなバケツに一杯の水が置いてあった。母はまだ三十代の若さで、スカートの下に厚いタイツのようなものをはいて、髪を保護するためか、手拭《てぬぐ》いで頬《ほ》っかむりをしていた。小学生だった私は、大きな炎を前にした母の勇ましい姿を黙って見ていて、時々サツマイモを焼いてもらったりした。

　あの頃の東京はほんとに寒かった。気象庁の統計を調べてみると、私が生まれてから大学を出るまでの二十二年間で、東京の一月の平均気温が五度を上回ったことは三年しかなかった。ところが最近の三十年間は、逆に一月の平均気温が五度を下回ったことが三年しかない。それだけ温暖化が進んでいるということだ。

『たきび』の二番には、しもやけも出てくる。昭和二十年代の子どもには、大抵しもやけがあった。その頃に撮った写真を見ると、ほとんどの男の子が青洟《あおばな》を二本垂らしている。着ている服の袖口《そでぐち》でそれを拭《ふ》くものだから、どの子も右の袖を光らせている。私のはとくに光っていた。専門家によると、栄養状態の悪さが関係しているという。わが家の食事もご飯と味《み》噌汁《そしる》と沢庵《たくあん》ぐらいだった。栄養を心配した両親が、ニワトリを空地で飼い始めてからやっと卵が食べられるようになった。

青洟を垂らしていた気象台官舎の友だちには、のちに東大の物理学教授になったミキちゃんや世界銀行副総裁になったモトオちゃんもいたが、みんな私と同様に右袖を光らせ焚火を囲んで遊んでいた。誰が焚火の上を跳び越えられるか、そんな肝試《きもだめ》しもした。五〇cmぐらい炎が上がっているところを、走っていってパーンと跳び越える。みんなが怖がっていると、いつも私が真っ先に跳んでみせた。

『たきび』を聴くと、今も私の胸の裡《うち》に、子ども時代の光る右袖と若い日の母の姿が、ありありと思い出される。食べ物も何もなかったが、戦争で家族の誰一人も死なず無事帰国し、焼け跡に燦々《さんさん》と降る陽光の中、皆で笑い合っていたあの時代が、人生で最も幸せだったような気もする。

ふじの山

作詞：巖谷《いわや》小波《さざなみ》　作曲者：不詳

一
あたまを雲の上に出し
四方の山を見おろして
かみなりさまを下に聞く
富士は日本一の山

二
青ぞら高くそびえたち
からだに雪の着もの着て
かすみのすそを遠く引く
富士は日本一の山

父が青春を燃やし、作家としての基礎を作った場所

明治四十三年に『尋常小学読本唱歌』という音楽の教科書が、文部省によって編纂《へんさん》された。収録された二七曲の歌詞は、すべて国語の国定教科書『尋常小学読本』からとられた。

翌明治四十四年には、この二七曲を増やし一二〇曲とした『尋常小学唱歌』が編纂された。作曲は東京音楽学校、即《すなわ》ち今の芸大の先生たちが中心となって行ない、歌詞については応募作品から芳賀矢一《はがやいち》と上田萬年《うえだかずとし》という東大の国語学者が選考し校閲した。『ふじの山』は、最初の二七曲のひとつである。

私は校閲に当たった芳賀矢一を、間接的に知っている。

小学生の頃、私には将棋のライバルがいた。隣に住む穂積真六郎《ほづみしんろくろう》というおじいちゃんだ。渋沢栄一の孫で、一九三〇年代に朝鮮総督府の殖産局長として、朝鮮に産業革命をもたらした人である。愛する朝鮮に骨を埋めたいと思っていたが、戦後、帰国命令により仕方なく帰国し、在日朝鮮人のために尽くした立派な人だった。ただし将棋では「待った」ばかりした。それも七手、八手前まで遡《さかのぼ》って「待った」をかける。負けず嫌いの私もやり返し「待った」合戦を繰り広げた。夫人の敏子おばあさんとも私は仲良しで、大学生の頃まで桜の時季には必ずふたりで花見に出かけた。

このおばあさんが、芳賀矢一のご息女だった。敏子さんの妹のくに子さんは、私の大叔父・藤原咲平《ふじわらさくへい》の後任として中央気象台長になった和達清夫《わだちきよお》さんの夫人だった。満州にいた頃から私たち家族は和達さん一家のお世話になっていて、引き揚げ後に中央気象台官舎に住んでいた頃、和達さんにお風呂を借りていた。官舎では台長宅にしか風呂はなく、十数軒ある官舎の中で私たち一家だけに風呂を貸してくれたのだった。父だけは遠慮してか銭湯に通っていた。和達さんの勧めで穂積さんが、我が家が引っ越した翌年、隣に引っ越してきたのである。

芳賀矢一は「『源氏物語』は乱倫の書だ」と語るなど、堅物だったようだが、ふたりの娘さんは洒脱《しゃだつ》でユーモアのある人たちだった。

『ふじの山』の作詞は、児童文学者の巖谷《いわや》小波《さざなみ》による。『桃太郎』や『金太郎』『浦島太郎』といった昔話は古くから各地に伝わっているが、地方によって微妙に内容が違う。それを、小波は勧善懲悪の物語に統一して書き改めた。巖谷小波の息子で文芸評論家の巖谷大四《だいし》さんは、父と仲がよく、私も何度かお目にかかった。この歌を聴くといろいろな人の顔が懐かしく思い起こされる。

歌詞は、私たち日本人の中に血肉となって息づいている七五調の美しいリズムを踏襲している。俳句は五七五で足すと十七、短歌は五七五七七で足すと三十一、出てくる数字は五、七、十七、三十一とどれも素数ばかりである。有名な俳人もこれを知らなかったから、初めて気づいたのは私かもしれない。七五調の詩も気持ちいい。日本人は素数が好きなのだろう。

一番で〈あたまを雲の上に出し〉と富士山の雄大さを歌い、二番では〈青ぞら高くそびえたち　からだに雪の着もの着て〉と、美しさを言祝《ことほ》ぐ。

昭和初期の駐日英国大使館にいた外交官サンソム氏の夫人は、その著書『東京に暮す』の中で、「日本人の美的感受性は世界でも圧倒的だが、それは富士山が美しいからだ」と書いた。理由の方はともかく、日本人の美的感受性が世界一というのは、海外生活の長い私も同感である。たとえば「地味」の美を理解する国は、日本以外にないだろう。フランス庭園などは左右対称だから左半分だけ見ればよいようなものだ。こんな退屈なものが全ヨーロッパに広まっているのだから驚く。日本庭園を左右対称に造ったら師匠にぶん殴られるだろう。

秒速一〇〇mの風が吹く

私にとって富士山は、何といっても父・新田次郎の思い出と直結する。父は中央気象台の職員として富士山頂観測所に勤務し、昭和七年から十二年までの六年間で七回の越冬をした。冬の富士山頂はものすごい雪だが、それ以上に秒速一〇〇mという壮絶な風が吹く。「冬の富士は、エベレストなど八〇〇〇m級の山と気象条件の厳しさは同じだ」と、父はよく言っていた。

父にとって富士山は「命の山」だった。父が青春を燃やし、作家としての基礎を作った場所である。『強力伝』『富士山頂』『芙蓉《ふよう》の人』『凍傷』など、父の山岳小説の原点は富士山にある。のちに吉祥寺に家を建てたのも、庭から富士山が見えるという理由からだった。

父が急逝《きゆうせい》して十年ほど、私は富士山を眺めるたびに父を想い涙ぐんでいた。その後は富士山を見るたびに、「おまえはまだ俺の青春の地に来ていないのか」と、父の慨嘆が聞こえる。富士山に登るのは父に会いに行くことだから是が非でも登りたいのだが、まだ実現できていない。私は高山に弱いらしく、予行演習のために三〇〇〇m級の山々に登ったが、二五〇〇mぐらいから少しずつ気持ち悪くなってしまう。

数年前、仙丈《せんじょう》ヶ岳《がたけ》に登った時は、辛《つら》かった。二五〇〇mを過ぎて呼吸が苦しくなり始め、次いで豪雨となった。風も強く、夏なのに寒くて体の震えが止まらなくなり「疲労凍死」の恐れさえあった。日本の最高峰五つのうちの四つを制覇した山女の女房は、「軟弱ね、合羽《かっぱ》の襟元や袖口をしっかり留めないから雨が入るのよ」と私を叱《しか》った。やりとりを見ていたガイドが「あれっ、先生の雨合羽は二万五〇〇〇円で、奥様のは五万五〇〇〇円のやつだ」と言って笑った。私の合羽からは雨が染み込んで下着までびしょ濡《ぬ》れだったのだ。

それから夏がくるたびに、今年こそ五万五〇〇〇円の雨合羽を買って富士山に、と女房に言い出すが、「なんか足手まといになりそうねえ」と何の反省もなく嫌味を言う。

哀愁のからまつ林

作詞：西沢爽《そう》　作曲：船村徹《ふなむらとおる》

一
涙あふれて
はり裂けそうな
胸を両手で　抱きしめる
みえないの　みえないの
背のびをしても
ああ　あの人は
行ってしまった
からまつ林

二

せめてもいちど
恋しい人の
腕に甘えて　縋《すが》れたら
それだけで　それだけで
死んでもいいの
ああ　弱虫と
風が叱るわ
日暮れの風が

三

あとも見ないで
別れていった
男らしさが　哀しさが

燃えるよな
燃えるよな
夕やけ小やけ
ああ　帰りましょう
影を踏み踏み
落ち葉の道を

今は亡き父の思い出を、父の好きな歌に重ね合わせる

島倉千代子によるヒット曲で、昭和三十二年『東京だョおっ母《か》さん』、昭和三十三年『からたち日記』に続いて、昭和三十四年にヒットした。作詞は『からたち日記』『波止場だよ、お父《とっ》つぁん』（美空ひばり）の西沢爽、作曲は『王将』（村田英雄）、『ひばりの佐渡情話』、『柿の木坂の家』（青木光一）など、数々のヒット曲を世に送り出した船村徹である。

一昨年の初夏、女房と上高地《かみこうち》を歩いた。

梓川《あずさがわ》沿いにはからまつ林が続き、その向こうに、焼岳《やけだけ》から穂《ほ》高《たか》連峰へと続く北アルプスの山並みが見える。

歩きながら、父・新田次郎から聞いた話を懐かしく思い出した。

北アルプスで山仲間の一人が遭難し、命を落としてしまった。父はその友を弔《とむら》おうと、仲間と北アルプスに登った。遭難の地に、石を積み上げ、ケルンを作るためである。

弔いを終えた父はひとりで山を下り、何度も泊まった徳澤園《とくさわえん》を通り、明神池《みょうじんいけ》を経て上高地に差し掛かった。すると前方から、梓川《あずさがわ》に沿った林道を若い女性の三人組がやってきた。登山の格好をしているから、これから山に登るのだろう。

すれ違いざま、歌声が聞こえてきた。

〈涙あふれて　はり裂けそうな
胸を両手で　抱きしめる
みえないの　みえないの
背のびをしても
ああ　あの人は　行ってしまった

からまつ林〉

昭和三十四年、島倉千代子のすすり泣くような歌唱でヒットした『哀愁のからまつ林』である。この年は皇太子（現・上皇陛下）ご成婚の年で、結婚パレードを一目見たいと、日本中が、そしてわが家もテレビを購入した。十四インチの白黒テレビである。

娘三人組の歌を耳にした父は、不意に涙がこみ上げてきたという。

歌謡曲に疎《うと》い父の耳に、〈あの人は　行ってしまった〉という歌詞が、〈逝《い》ってしまった〉と聞こえ、山で友を失った悲しみの歌、と勘違いしたのだろう。

二番や三番まで聴いていたら、違う思いを抱いたかもしれない。

〈せめてもいちど　恋しい人の〉
〈あとも見ないで　別れていった〉

ここまで聴いたら、「ああ恋人との別れの歌だな」と気づいただろう。

この勘違いが、『哀愁のからまつ林』を父の大切な歌にした。

余談だが、私の指導教官だったT先生に聞いた話によると、東大の数学教授だったある大先生は、何と島倉千代子のファンクラブに入っていたそうである。ファンならまだわかるが、ファンクラブである。彼女のやさしい、甘えるような、すすり泣くような歌にしびれるのは、私だけではないのだ。日夜、孤独の真っ只中《ただなか》で呻吟《しんぎん》する数学者は、こんな歌に癒《いや》されるのかもしれない。

父は明治四十五年生まれで、知っている歌のほとんどは昭和二十年代までの歌だった。ところが島倉千代子をきっかけに、新しい歌も聴くようになった。小柳ルミ子が『わたしの城下町』（昭和四十六年）でデビューした時には、小柳ルミ子に入れこんだ。ある時、同じく小柳ルミ子を好きになった私と、小柳ルミ子の取り合いになった。

「俺のモノだ！」「いや、俺の方が先だ！」とテレビの前で言い争いをする父子を横目に、母がぽつり、「この父にしてこの子あり」とため息をついた。

「からまつはさびしかりけり」

『哀愁のからまつ林』を聴くと、必ず父を思い出す。

亡き友を想いながら、ひとりとぼとぼと上高地を歩く父の光景が、まざまざと目に浮かぶのである。

からまつ林を歩く父の右には、清流の梓川。その脇を通り過ぎる、登山姿のうら若き三人の娘たち。足を止め、歌に聴き入る父。目には涙が滲んでいる。娘たちの背が見えなくなるまで、父は耳をそばだて佇《たたず》んでいる。

信州といえば、からまつである。日本の固有種だが、明治時代からからまつの造林が始まったこともあり、長野の造林の約半数は、からまつである。

〈からまつの林を過ぎて、
からまつをしみじみと見き。
からまつはさびしかりけり。
たびゆくはさびしかりけり。〉

北原白秋《きたはらはくしゅう》の『落葉松《からまつ》』（大正十年）だが、この詩も信州・軽井沢で作られた。

あまりにもからまつが多いので、信州人は内心、からまつを馬鹿にしている。伐採されたからまつは、ストーブにくべるとヤニが煙突にこびりつくということで捨てられている。ただ、私はからまつを目にすると、『哀愁のからまつ林』や『落葉松』を思い出し、センチメンタルな気分になる。

女房と上高地を歩いた時、からまつ林に入った途端、『哀愁のからまつ林』が口をついて出た。堰《せき》を切ったように父の思い出があふれた。ちょうど四十年前の寒い冬の朝、突然に逝ってしまった父に届けよとばかり、何度も何度も大声を張り上げてこの曲を歌った。

「何度同じ歌を歌ったら気が済むの？　うるさいわね」

木々の切れ間から北アルプスの勇姿を見つけては喜んでいた女房が、隣で私を睨《にら》みつけた。

第二章

生きるために歌う

浅草の唄

作詞：サトウハチロー　作曲：万城目《まんじょうめ》正《ただし》

一
つよいばかりが　男じゃないと
いつか教えて　くれた人
どこのどなたか　知らないけれど
鳩《はと》といっしょに　唄ってた
ああ　浅草のその唄を

二
可愛《かわ》いあの子と　シネマを出れば

肩にささやく　こぬか雨
かたい約束　かわして通る
田原町から　雷門《かみなりもん》
ああ　浅草のこぬか雨

三
池にうつるは六区の灯り
忘れられない　よいの灯よ
泣くなサックスよ　泣かすなギター
明日もあかるい　朝がくる
ああ　浅草のよい灯り

四
吹いた口笛　夜霧にとけて
ボクの浅草　夜が更ける

鳩も寝たかな　梢《こずえ》のかげで
月がみている　萌黄月《よもぎつき》
ああ　浅草のおぼろ月

かけがえのない思い出の歌で、強《こわ》ばった頬を緩めよう

この歌は、昭和二十二年に藤山一郎が歌ってヒットした。作詞は『長崎の鐘』や『ちいさい秋みつけた』のサトウハチロー、作曲は『悲しき口笛』や『リンゴの唄』で知られる万城目正だった。最近では、浅草を本拠地とする「東京大衆歌謡楽団」がこれをよく歌う。

私が「東京大衆歌謡楽団」の存在を知ったのは、ユーチューブだった。

富山出身の髙島四兄弟からなる、平成二十一年に結成されたカルテットで、三十代の若者なのにレパートリーの大半は戦前の歌謡曲である。全員スーツで、髪はポマードという、これまた時代がかった恰好《かっこう》だ。藤山一郎や近江俊郎《おうみとしろう》など本物には敵《かな》わないにせよ、聴き入ってしまうだけの実力がある。

ボーカルは髙島四兄弟の長男・孝太郎さんで、美声はなかなか聴かせる。自分流に歌ったり、奇をてらったりせず、戦前風といおうか、真っ直《す》ぐに歌うのがよい。

兄弟四人とも身長一八〇cmを超えていてなかなか見栄えがする。あとでわかったのだが、長男の孝太郎さんは中学時代、お茶の水女子大での私の教え子の、教え子であった。奇縁である。

六年ほど前、彼ら東京大衆歌謡楽団が浅草や上野の街頭で野外演奏をしていると知り、クラシック一本槍《やり》の古女房を誘って、浅草まで出向いた。

この時に歌ったもののひとつが、この『浅草の唄』だった。

〈つよいばかりが　男じゃないと〉

この出だしがいい。

「強くなければ男じゃない」と、物心ついた頃から高校生の頃まで信じていた私だから、初めてこの曲を聴いた時に虚を突かれた。

二番の〈可愛いあの子〉、三番の〈泣くなサックス〉……。なるほど、弱さも悲しみもすべてを理解するのが本当の男なのだろう。酒に女、涙やため息が渦巻く浅草にこそ、この歌はよく似合う。

浅草の雷門をくぐり、仲見世通りを抜けると浅草寺《せんそうじ》がある。その東隣が浅草神社だった。境内に入ると、東京大衆歌謡楽団の周りにはすでに大きな輪ができていた。ほとんどは、五十代から八十代である。

演奏が始まると、自然と手拍子が起きた。昭和二十年代の歌謡曲など知らないはずの若いカップルや外国人観光客までが、足を止め聴き入っている。初めて聴いたに違いないこの『浅草の唄』の、素晴らしい歌詞、軽やかなメロディに、惹《ひ》きつけられたのだろう。『浅草の唄』は戦後すぐ、昭和二十二年の歌だから、今から七十七年前のヒット曲である。歌う方はもちろん、観衆の多くも、その頃生まれていなかったはずだが、皆、真剣に聴き入っている。

東京大衆歌謡楽団の歌う戦前・戦後のヒット曲のほとんどは、自分というより父母や祖父母が歌っていた曲であろう。こうした曲を聴き、自分のまだいたずら坊主だった頃、父や母や祖父母も元気だったあの頃に戻り、懐かしさに浸るのがしみじみと心地よいのだ。

私は集まった人たちの顔を見てばかりいた。皆、柔和な笑みを浮かべていた。一緒に口ずさむ年寄りたちもいる。年寄りのこんなに幸せそうな表情を見るのはめったにないことと思った。

「思い出」というとっておきの武器

年寄りの顔は、どちらかというと厳しくて怖い。

十代、二十代の頃は人生が無限に感じられる。ところが六十歳を過ぎ定年となり、これからの人生を考え、老い先の長くないことに気づく。

さらに七十代、八十代と歳を重ねていけば、身体の故障も次々に出てくる。同年代の友達の訃報に触れることも多くなり「終活」の言葉が年々重くのしかかる。自然と顔は強《こわ》ばるだろう。不安と苛立《いらだ》ちがあれば、皺《しわ》も増える。

東京大衆歌謡楽団の演奏に集まった人たちの表情は、違った。

歌が始まると瞬《またた》く間に、苦虫を噛《か》みつぶしているような顔が微笑《ほほえ》みに変わるのである。八十代の夫婦が、笑いながら手を打ち拍子をとっている。昔を思い出し涙ぐんでいるホームレス風の男も、生活に追われているようなおばさんも、皆、何ともいえない柔和な表情になっている。それにつられ、私はもちろん、歌謡曲に関心の薄い古女房でさえ、穏やかな顔になっている。

ある研究によると、漫才や落語による「笑い」によって、がん患者の免疫力向上や疲労の改善も確認されたという。

「笑い」の効用は、さまざまな研究機関で指摘されているが、ようは強ばった頰《ほほ》を緩めれば、免疫力がアップする、ということらしい。

ここに来た人たちの寿命も一年は延びたのでは、と思われるほどだった。

私たちには必ず、「思い出の曲」がある。それをユーチューブなどで聴き、そして歌う。そうすれば、思い出が甦《よみがえ》る。思い出は自分の生きてきた軌跡であり、他の誰でもない、自分だけの宝物である。それに触れることは、自らの人生を肯定することにつながる。幸福な気持ちに浸ることができるのだ。誰にでも「思い出」というとっておきの武器がある。思い出を甦らせることで顔は柔和になり、脳は若返り、長生きもできるのである。

東京大衆歌謡楽団の演奏が終わると、地面に置かれたハットの中に、皆がお金を入れ始めた。大半が硬貨でなく、お札だ。思い出と微笑みを甦らせてもらった人々は、満ち足りた表情だった。

花

作詞：武島羽衣《たけしまはごろも》　作曲：滝廉太郎《たきれんたろう》

一
春のうららの隅田川
のぼりくだりの船人が
櫂《かい》のしづくも
花と散る
ながめを何に
たとふべき

二

見ずやあけぼの露浴びて
われにもの言ふ桜木を
見ずや夕ぐれ
手をのべて
われさしまねく
青柳《あおやぎ》を

三

錦《にしき》おりなす長堤《ちょうてい》に
くるればのぼるおぼろ月
げに一刻も
千金の
ながめを何に
たとふべき

敗北感を合唱曲『花』が洗い流してくれた

私の通っていた武蔵野市立第四小学校に、ヤンガー・スターズという少年野球チームがあった。私はエースで四番であった。

力一杯ストレートを放ると、暴投になりがちなのが玉に瑕《きず》だったが、カーブはコントロールもよく、自信があった。だから、投げるボールはすべてカーブだった。カーブといっても角度のあるカーブではなく、いわゆる「ションベンカーブ」だった。

武蔵野市で十五歳以下の少年野球大会があった。わがヤンガー・スターズは、私のセンターオーバーの大ホームランなどの活躍もあって、小学生チームにもかかわらず、二回戦に駒を進めた。

二回戦の相手は、都立武蔵高校だった。十五歳以下の高校一年生だけで、チーム編成をしていたのである。

試合会場は、武蔵高校のグラウンドだった。試合開始の挨拶《あいさつ》で並ぶと、体格差は歴然だった。私は六年生としては大きく一五七センチほどあったが、相手は見上げるほど大きい。

私は臆せず立ち向かったが、何を投げても打たれる。打撃で目に物見せてくれようと思ったが、第一打席はサードのファールフライ、第二打席はファーストのファールフライと、グラウンドの中に球が飛ばなかった。

四回で、一〇対〇のコールド負けとなった。木っ端微塵《こっぱみじん》だった。私たちは悔しさ、怒り、惨めさ、諦《あきら》めがないまぜとなった気の抜けたような敗北感にとらわれながら、グラウンドを後にした。

その時、音楽室から女生徒の合唱が聞こえてきた。

『花』だった。私は呆然《ぼうぜん》と立ち尽くした。足が動かない。もし仲間が周りにいなかったら、その場にへたりこんだかもしれない。感動で体が固まってしまった。負けた悔しさも恨みも、この歌で一気に吹っ飛んだ。小学六年生の夏の出来事であった。

『花』は明治三十三年に、当時二十一歳の滝廉太郎によって作曲された組曲『四季』の第一曲である。第二曲が「納涼」、第三曲が「月」、第四曲が「雪」と、日本の四季の美しさをメロディに織り込んでいた。

滝は二十二歳でドイツへ留学するが、その前の二十歳、二十一歳の時に、『荒城の月』など数多《あまた》の名曲を残している。天才が爆発したのだ。二十三歳での早世を予知していたかのような爆発だった。

ただ、天才の証であろう、滝は多少オッチョコチョイの人でもあった。留学直前に、生徒のひとり、オペラ歌手の三浦環《みうらたまき》に求婚して断られている。既婚者だったのだ。

『花』が素晴らしいのは、メロディだけではない。国文学者・武島羽衣の詩も七五調の格調のある文語体で、これだけで芸術作品である。

ところで最近、「船人」を勘違いしていたことに気づいた。

〈のぼりくだりの船人が
櫂のしづくも花と散る〉

小学生の頃から、船人とは渡し船の船頭のことだと思っていたが、調べてみると、この船は、レガッタ（競漕《きようそう》）のボートであった。明治十六年に隅田川で初めてレガッタが行なわれて以来、大変な人気だったらしい。

船人の櫂のしづくとは、若者のオールのしぶきだった。

一番で昼のレガッタの情景を切り取り、二番では〈見ずや〉——「こんな素晴らしい景色を見ないでいるのか」と呼びかけて、〈あけぼの〉と〈夕ぐれ〉を描写する。

三番は、〈くるればのぼるおぼろ月〉。隅田川の夕景だ。〈錦おりなす長堤に〉という表現が美しい。

エースで四番……

女房や子どもには常々、小学校ではチームのエースで四番、と自慢してきた。

私と同じ小学校に通った次男が野球チームに所属していたのだが、ある時、父母も交えて練習試合を行なうことになった。試合前の練習を見て、チームのコーチは、私を八番ライトと決めた。思わず「ムッ」とした。

満塁で私の打順が回ってきた。往年のエース四番として、八番ライトの屈辱を晴らそうと、ストレートを思い切り引っぱたいた。打球は右中間へとのびていく。

右中間を抜く三塁打か、と思い懸命に走りつつ打球を目で追うと、相手チームのジーパンをはいたおばさんが、センターからものすごい勢いでライト方面に走っていって手を伸ばした。ボールが消えた。何とグローブにおさまっていた。ファインプレーだ。よく見ると、女房だった。私は呆然と右中間を眺めていた。女房に言わせると、憤怒《ふんぬ》の表情で睨んでいた。

その後、私はサードに回った。ものすごいゴロが飛んできた。私の実力を見せる時である。だが無情にも、球は私の股《また》の間をきれいに抜けていった。四十肩で、腕が伸びきらなかったのだ。

夕飯時に家の皆から、「エースで四番なんて嘘じゃない」となじられた。

後日、わが家にたまたま小学校で同級の、造園業をしている男が来た。疑い深い女房は、私が本当にエースで四番だったか確認した。友人は軽く微笑みながら、

「エースで四番？　しょうがないよ、藤原君はガキ大将なんだから」

と言った。私の評判は、家族内で完全に地に落ちた。

私は中高ではサッカー部の猛者《もさ》として鳴らした。女房や息子たちには「西の釜本、東の藤原といえば、家族の者だけは皆知っていた」と自慢している。女房は中学校の時に卓球で鎌倉市で優勝したが、サッカーが一番得意だったと言う。女房とは絶対にサッカーをしないつもりだ。

空の神兵

作詞：梅木三郎　作曲：高木東六《たかぎとうろく》

藍《あい》より蒼《あお》き　大空に大空に
忽《たちま》ち開く　百千の
真白き薔薇《ばら》の　花模様
見よ落下傘《らっかさん》　空に降り
見よ落下傘　空を征《ゆ》く
見よ落下傘　空を征く

世紀の華《はな》よ　落下傘落下傘
その純白に　赤き血を

捧《ささ》げて悔《く》いぬ　奇襲隊
この青空も　敵の空
この山河《やまかわ》も　敵の陣
この山河も　敵の陣

敵撃摧《げきさい》と　舞い降《くだ》る舞い降る
まなじり高き　つわものの
いづくか見ゆる　幼顔《おさながお》
ああ純白の　花負いて
ああ青雲に　花負いて
ああ青雲に　花負いて

讃《たた》えよ空の　神兵を神兵を
肉弾粉《こな》と　砕くとも
撃ちてし止まぬ　大和魂《やまとだま》

我が丈夫《ますらお》は　天降《あまくだ》る
我が皇軍は　天降る
我が皇軍は　天降る

戦いに行くのだ

太平洋戦争開戦直後の昭和十七年二月、我が落下傘部隊は、インドネシアのパレンバン飛行場と大油田を制圧した。彼らは「空の神兵」と称《たた》えられ、四月には早くも軍歌『空の神兵』が発表された。作曲はクラシック畑で、『水色のワルツ』でも有名な高木東六。作詞の梅木三郎は、毎日新聞の社会部長を務めた人物だった。

「藤原先生はいつも明るいですね」と人によく言われるが、大体その通りである。無論、私にも暗く沈むことはある。数学の問題を半年も一心不乱に考え続けて、一行も進まないような時だ。碌《ろく》な才能もないのに、どうして数学者などになったのだろうか、とさえ考えたりする。そんな時は、歌で鼓舞することが多い。

学生の頃は、専ら藤山一郎の『青い背広で』だった。

〈青い背広で　心も軽く　街へあの娘と行こうじゃないか……〉

と口ずさめば、生まれてから一度も女友達がいなかったのに、心がウキウキし、燃える青春の真っ只中にいるように感じられた。

私が初めて海外に出たのは、二十九歳の時にアメリカのミシガン大学の研究員となった時だった。いろいろの不安で潰《つぶ》されそうだった。

夜に羽田を飛び立った飛行機は、三時間ほどで夜明けを迎えた。朝陽に、太平洋の波頭が白くきらめいていた。ここでいきなり、

〈見よ　東海の空明けて　旭日高く輝けば……〉

が口をついて出た。『愛国行進曲』である。昭和十二年に発表された歌で、戦時中、海軍にいた叔父たちが、酒に酔うと必ず高吟《こうぎん》した歌だった。

眼下の海で、叔父たちがアメリカ相手に死闘を繰り広げた。今その太平洋の波濤《はとう》を私が越えていく。

勉強に行くのではない。戦いに行くのだ。敵陣にたったひとりで殴り込んで、アメリカの数学者を片っ端からなぎ倒すのだ。歌を口ずさんだことで、私の不安や暗い気持ちは一掃さ

れた。

先日、私たちと次男夫婦の総勢四名で、オランダやベルギーを旅した。正確に言うと、レンタカーで旅行する私たちに、次男夫婦が新婚旅行として便乗した。

ベルギーの首都ブルージュを二日ほど楽しんでから、北方のアントワープに出た。ここではまず有名な聖母大聖堂へ向かった。少年ネロと愛犬パトラッシュの物語『フランダースの犬』の最後の場面に出てくる大聖堂である。すべての夢が破れたネロは、最後の力を振り絞り、この聖母大聖堂に来る。ここに掛かるルーベンスの絵画『キリストの昇架』を死ぬ前に見たいと思ったのだ。念願だったこの絵を月光の下に見たネロは、雪に残された足跡を追ってここまで来た愛犬パトラッシュとともに、抱き合ったまま翌朝、凍え死んでしまう……。

この聖母大聖堂で、悲しい物語を思い出した四人は沈んでいた。次男の嫁が「昔、『フランダースの犬』のアニメが好きでした」と言うと、「ラララーン、ラララーン……」と主題歌を小声で口にした。「ラララ」に誘発された私の口から、美しいメロディがほとばしった。

〈ラララ　紅《あか》い花束　車に積んで　春が来た来た　丘から町へ……〉

『春の唄』、戦前の国民歌謡のひとつである。大聖堂での突然の歌声に慌てた女房が必死に、人差し指を口に当てた。無視して最後まで歌いきったら、旅の疲れも、『フランダースの犬』

の悲しい気分もすべて吹っ飛んだ。

「元気が出る歌」を持つ効用である。

苦しい時は「その場をしのぐ」

私のとっておきの元気歌は、この『春の唄』と『空の神兵』である。今も陸上自衛隊第一空挺団《くうていだん》で歌い継がれている。元が軍歌なので人前で歌うのははばかられるが、歌うとたちまち元気百倍、「やるぞー」となる。

『空の神兵』は、落下傘部隊の実際の活躍を歌にしたものである。

昭和十六年の八月一日、アメリカは対日石油禁輸を宣言した。石油の七割以上をアメリカからの輸入に依《よ》っていた日本は、二年分の石油備蓄しかなく、たちまち窮地に陥《おちい》る。そこで起死回生を狙い、日米開戦の二カ月後、昭和十七年二月十四日、陸軍落下傘部隊はスマトラ島（オランダ領インドネシア）パレンバンに降下し、油田地帯を制圧した。パレンバン空挺作戦である。

正面から攻めて戦闘に勝利しても、油田に火を付けられたり、製油施設を爆破されたら、目的は達せられない。奇襲作戦で丸ごといただく必要があるということで、落下傘部隊となったのである。

〈藍より蒼き　大空に大空に〉開くのは、〈百千の　真白き薔薇〉。真っ白な落下傘が、目に浮かぶようだ。

曲も、クラシック音楽家の高木東六の作曲だけあって、軍歌らしくなく、格調高い。〈見よ落下傘　空に降り　見よ落下傘　空を征く〉のフレーズは格別だ。

とくに二番。

〈その純白に　赤き血を
捧げて悔いぬ　奇襲隊
この青空も　敵の空
この山河も　敵の陣〉

敵の空、敵の陣……。敵の真ん中に降下する気持ちはどんなものか。下から一斉に狙い撃ちされるのに、武器は小火器に手榴弾《しゅりゅうだん》しかない。私は歌いながら、いつも落下傘兵の勇気と覚悟に感激し、勇気凛々《りんりん》となる。

苦しい時に歌を歌っても問題は何も解決しない。そういう人もいるだろう。しかし本当に苦しい時は、「その場をしのぐ」ことが何より大事なのだ。

誰でも深い挫折や失意に沈むことがある。そんな時、他人のなぐさめは何の足しにもならない。

一瞬でもいいから歌で明るさを取り戻すのだ。へこんだら、また歌うのだ。そうやって時間を稼いでいれば、少しずつ悲しみが癒され、いつしか再び立ち上がる力が湧いてくる。時だけが、自分の絶対的味方なのである。

時間を稼ぐためのこうした歌が数曲あるだけで、人は強靱《きょうじん》になれる。

わたしが一番きれいだったとき

茨木《いばらぎ》のり子

わたしが一番きれいだったとき
街々はがらがら崩れていって
とんでもないところから
青空なんかが見えたりした

わたしが一番きれいだったとき
まわりの人達がたくさん死んだ
工場で　海で　名もない島で
わたしはおしゃれのきっかけを落としてしまった

わたしが一番きれいだったとき
だれもやさしい贈り物を捧《ささ》げてはくれなかった
男たちは挙手の礼しか知らなくて
きれいな眼差《まなざ》しだけを残し皆発《た》っていった

わたしが一番きれいだったとき
わたしの頭はからっぽで
わたしの心はかたくなで
手足ばかりが栗色に光った

わたしが一番きれいだったとき
わたしの国は戦争で負けた
そんな馬鹿なことってあるものか
ブラウスの腕をまくり
卑屈な町をのし歩いた

わたしが一番きれいだったとき
ラジオからはジャズが溢れた
禁煙を破ったときのようにくらくらしながら
わたしは異国の甘い音楽をむさぼった

わたしが一番きれいだったとき
わたしはとてもふしあわせ
わたしはとてもとんちんかん
わたしはめっぽうさびしかった

だから決めた　できれば長生きすることに
年とってから凄く美しい絵を描いた
フランスのルオー爺さんのように
　　　　ね

取り返しのつかない口惜しさ

茨木のり子は大正十五年生まれで、その年の十二月に昭和元年となった。愛知県の西尾《にしお》で育ち、地元の女学校を出て、東邦大学薬学部の前身に進学した。満十一歳の時に日中戦争が始まり、十五歳で日米戦争が始まり、十九歳で終戦を迎えた。十代のすべてが戦時下ということになる。

この口語自由詩は、戦争によって青春を失った悲しみ、虚《むな》しさ、そして何より口惜《くや》しさを詠《うた》っている。「口惜しい」という言葉はどこにも使われていないが、〈わたしが一番きれいだったとき〉という言葉の繰り返しの中に、青春期を全部戦争で塗りつぶされてしまった、取り返しのつかない口惜しさがあふれている。

第一節は、戦時の空襲を描いている。どんどん街が崩れていって、青空が覗く。第二節では、戦場となった海や島で、そして空襲を受けた工場や街で、人々が死んでいくという状況下で、おしゃれどころではなかった、と現実を描く。三節で、憧《あこが》れていた恋もできなかった、男たちは戦争に行って帰ってこなかったと綴《つづ》り、四節では、勤労奉仕や繰り上げ卒業で勉強もできなかった、本も読めなかった、生きることだけで精一杯だったと述懐する。学生なのに勉強もできなかったとは、私の叔母たちを含め多くが語っている。そんなありさまだから、戦後になって恩師を招いて勉強会をやったという人たちも少なくなかった。そうしたことをこの四節では「頭がからっぽだった」という言葉で表現している。

「美しい」ではなく「きれい」

五節は、敗戦の口惜しさを書いている。敗戦は日本中のすべての人が口惜しかった。口惜し涙をこぼした。ただ、この詩の中で、卑屈な町を腕まくりしてのし歩く「わたし」は、敗戦後、打ちひしがれ虚脱した人々へ、実は反発心を抱いてもいる。今まで大東亜戦争とか、一億火の玉とかいろいろ偉そうなことを言っていたくせに、この打ちひしがれてだらしない日本人は何なのか、と。

六節は占領下である。敵国アメリカにあれほど反発していた自分が、あっという間にアメリカ文化に染まってしまった。ジャズの音にしびれている。幼い頃の私も、進駐軍のGIがジープに乗って中央気象台官舎にやってくると、「チューインガム」とか「チョコレート」と叫んだ。止まったジープから菓子がばらまかれるのを競って拾った。

ある日、元雄ちゃんや三樹ちゃん達と米兵に「ハロー、ハロー」と声をかけていた。米兵が私たちにリグリーのチューインガムをいくつかばらまいた。と、これを見ていた元雄ちゃんの母親が、和服姿のままジープの若い米兵に歩み寄り、「あなたの国では子どもにチューインガムを与える時に地面に放り投げるのですか」と静かに問うた。銃を持った米兵は黙って立ち去った。この勇気ある母親は女高師（東京女子高等師範学校）の英文科を出た人だった。なお、日下部元雄ちゃんは後に世界銀行副総裁、和達三樹ちゃんは東大の物理学教授となった。

最後の八節で、もう若さは失ってしまった、だけど、自由になったこの日本で、抑圧もされず、内面を磨いて美しく生きていこうという覚悟を彼女は示す。希望が芽生えている。

この詩の中で私が一番好きなのは、第三節の〈きれいな眼差しだけを残し皆発っていった〉という一行だ。「きれいな眼差し」というのはすごい表現だと思う。学徒出陣で発っていった若者の中には、彼女がほのかに慕う人もいたかもしれない。彼らは、ただ祖国のために命を捧げる。父母を守り、兄妹を守り、妻や子を守り、美しい国土や民族を守ろうと、純粋な気持ちだけで戦地に赴いた。その目があまりにも美しかった。そして、そのまま帰らなかった。この一行に私は最も深い感銘を受けるのだ。

美しい若者の死を悼むと同時に、この詩は戦争の空《むな》しさを強く訴えかけている。くだらない殺し合いに、多くの美しい若者たちが命を落とした。その「戦争」に対して論陣を張るのでなく、〈きれいな眼差しだけを残して皆発っていった〉というやさしい言葉で戦争への怒りを表している。「美しい」ではなく「きれい」という言葉を使っているのも、この詩の素晴らしいところだ。「わたしが一番美しかったとき」では、〝ちょっと気取っているな〟となってしまう。普通の少女のありふれた言葉によって、深い喪失感を表している。

私はこの詩を読むたびに、こんなに深い気持ちを、こんなに強い主張を、口角泡を飛ばすのではなく、かくもやわらかに表せる女性の感性に、圧倒されてしまう。女性の詩人というのは、時として男がとうてい書けないような詩を書いて、強く深い感動をもたらす。不思議な力を持っている。なお、茨木のり子は若い時ばかりでなく七十代の晩年も美しい人だった。

花の街

作詞：江間章子《えましょうこ》　作曲：團伊玖磨

一

七色の谷を越えて
流れて行く
風のリボン
輪になって　輪になって
かけていったよ
歌いながら
かけていったよ

二
美しい海を見たよ
あふれていた
花の街よ
輪になって　輪になって
踊っていたよ
春よ春よと

踊っていたよ

三
すみれ色してた窓で
泣いていたよ
街の角で
輪になって　輪になって
春の夕暮れ
ひとりさびしく
泣いていたよ

戦後の希望と悲しみを夢のような言葉に乗せて

ＮＨＫラジオ第一放送では、昭和二十四年の初めから『私の本棚』という番組が放送されていた。平成二十年まで、五十九年間にわたって続いていたというから、隠れた長寿番組である。

『私の本棚』は、NHKアナウンサーが著名人のエッセイや小説を朗読する番組で、母が好きだった。五歳の私も、母と一緒に聴いていたのだろう、番組で流れた「朗読は、カシムラハルコ（樫村治子）です」という声だけが耳に残っている。

この番組のオープニングテーマが『花の街』だった。流れていたことははっきり記憶しているが、当時は、ただの歌として通り過ぎていた。

『私の本棚』が始まった頃、私たちは中央気象台（現・気象庁）の官舎に住んでいた。焼け跡に建てられた、外壁は節穴だらけの木造二軒長屋の一軒で、わずか十坪ほどの家だった。それでもこの時期、住む家があるだけでも幸運だった。

父・新田次郎は当時、中央気象台の課長補佐だった。官舎は、課長以上に与えられた特権だったから、中央気象台長だった伯父の藤原咲平が、えこひいきしたに違いない。明治の頃は、身内や同県人を助け合うのが当たり前で、同県人というだけで、何人もの食客《しょっかく》の面倒をみるような人もいた。その名残がこの頃には、まだ残っていたのだろう。

東京には闇市があり、自分と同じ年頃の戦争孤児が、あちこちに見られた。御茶ノ水駅近くの神田川にかかる橋の上には、そんな少年たちが何人も靴磨きをしていた。

駅や繁華街には、傷痍《しょうい》軍人の姿が目についた。

白装束に戦闘帽をかぶった傷痍軍人が、前に箱を置き、募金を乞うていた。ある者は目が潰れ、ある者は腕や脚を失っていた。アコーディオンで悲しい曲を弾く者もいた。

幼い私にとって痛々しすぎる光景だったが、当たり前の風景でもあった。終戦後の日常だった。

『花の街』は、そうした戦後の焼け跡に忽然《こつぜん》と咲いた、江間章子（作詞）と團伊玖磨（作曲）による一輪の輝くような花であった。

私は五十歳を過ぎるまで、単純に春をうたった歌だと信じこんでいた。この歌が、昭和二十二年に作られたことを知って、初めて歌に込められていた本当の意味が理解できたのだ。

楽しげな春の歌だと勘違いしたのも無理はない。一番、二番の歌詞が、非常に明るいのだ。

〈七色の谷を越えて
流れて行く

風のリボン〉

このリボンが、〈歌いながらかけていったよ〉というのだ。

二番も美しい。

〈美しい海を見たよ〉
〈踊っていたよ〉

「よ」の使い方が抜群だ。

男性の詩人が束になっても、こんな瑞々《みずみず》しく夢のような詩は書けそうもない。脱帽というより、軽い劣等感を覚える。

三番は一転してもの悲しい。

〈すみれ色してた窓で
泣いていたよ

街の角で
輪になって　輪になって
春の夕暮れ
ひとりさびしく
泣いていたよ〉

私は長い間、これを春特有の、もの悲しさだと勘違いしていた。

『夏の思い出』でも有名な作詞家の江間章子は、終戦後の街角に溢《あふ》れていた人々の悲しみにも目を向け、その思いを歌に込めたのだろう。

一番、二番の明るさは、ただ夢のような景色を並べているだけではなく、平和への憧れを、たっぷり描いていたのである。そこにあったのは「明日への希望」だった。

あの戦争で、身内や知り合いが誰一人死ななかったという人はひとりもいない。誰もがそれぞれの悲しみを抱えていた。誰もが心で泣いていた。それを江間章子は言葉にしたのである。明・明・暗の見事な歌詞のコンビネーションである。素晴らしい詩人だ。

女子のコーラスに感極まる

團伊玖磨のメロディもことのほか美しい。クラシック音楽の作曲家だけあって、何とも言えない品の良さがある。曲だけでうっとりしてしまう。

中学校の音楽の教科書に、合唱曲として、この『花の街』が載っていた。中学校三年生の頃だったか、ある音楽の授業が強烈な印象として残っている。この歌を皆で合唱した。

女子の声が美しすぎた。天使のような声に、私は胸がいっぱいになり、口も出せずひたすら下を向いていた。歌い続けると、涙がこぼれ落ちそうだったのだ。当時の私はサッカー部の猛者であり、武闘派としての勇名は近隣の中学生にも少しは知られていた。そんな私が『花の街』にうっとりしていた、となったら面子《メンツ》にかかわる。心して歌い始めたが、やはり涙がこぼれそうで歌えなかった。

以来、中学と高校時代、女子との合唱には参加できない、という妙な病気にとりつかれた。あまりにも清らかな女生徒の声に、私の涙腺《るいせん》はなぜか直ちに崩壊寸前に陥るのである。こんな奇病を患うことになったきっかけは、江間章子の夢のような詩と、團伊玖磨のうっとりするメロディの『花の街』だったのではないか、と思う。

第三章

異郷と故郷

異国の丘

作詞：増田幸治、補作詞：佐伯孝夫　作曲：吉田正

1　今日も暮れゆく
異国の丘に
友よ辛《つら》かろ　切なかろ
我慢だ待ってろ
嵐が過ぎりゃ
帰る日も来る
春が来る

2　今日も更けゆく

3

異国の丘に
夢も寒かろ　冷たかろ
泣いて笑うて
歌って耐えりゃ
望む日が来る
朝が来る

今日も昨日も
異国の丘に
おもい雪空　陽が薄い
倒れちゃならない
祖国の土に
辿《たど》りつくまで
その日まで

ひとつの歌が、疑い合う仲間の気持ちをひとつにした

ロシア人のことを、「露助《ろすけ》」と呼んだ時代がある。侮蔑《ぶべつ》的な言い方だ。

父・新田次郎はことあるごとに、「ロスケは信用できん！」と言った。ヨーロッパに行く際は、絶対にモスクワ経由では行かなかった。作家として功成り名を遂げた以後も、「ソ連に入ったら逮捕される」と頑《かたく》なにモスクワ経由を拒んだ。「そんなはずがないでしょ」と家族がいくら言っても、「あいつらだけは絶対に信用できん！」の一点張りだった。何が何でもロシアだけは信用しない、という原則は死ぬまで変わらなかった。

昭和二十年八月九日の午前零時。日ソ中立条約を一方的に破棄したソ連は、一五〇万人を超える軍隊を旧満州に侵攻させた。

八月九日の夜十一時にそのことを知った父と母は、すでに寝込んでいた兄、私、妹の三人を起こし、アルバムから思い出の写真を何枚か引きちぎり、持てるだけの家財道具を持ち、着の身着のまま官舎を出て、二km余り先の新京《しんきょう》（現・長春）駅に向かった。内地に比べ平和で食糧も豊かだった私達の二年間の満州生活は、いきなり終止符を打たれたのであった。妹

は生後一カ月、兄は五歳、私は二歳になったばかりだった。

私たちは集合時刻の午前一時に駅に着いたが、汽車の出発が翌朝七時になると言われ、避難民でごった返す駅の構内で雑魚寝《ざこね》した。翌朝、ようやく汽車に乗り込むと、父が突然、「俺は一緒に行けない」と言った。気象データは軍事機密で、気象台職員は逃げ出す前にそれらを焼いたり埋めたりしていた。父は、「部下たちに跡始末をやらせて、課長の俺が家族と逃げるわけにいかん」と言う。「ソ連がすごい勢いで南下している。幼い子ども三人がいるし、何が何でも一緒に脱出して」と泣いて懇願する母を振り切り、気象台に戻ってしまった。武士の血を引く父にとって、卑怯《ひきょう》な振る舞いは家族を失うことより恐ろしかったのだろう。

私たち家族は、一週間遅れで追って来た父と奇跡的再会を果たすことができた。八月終わりのことだった。ソ連の南下を阻止するため、アメリカが突然、北緯三十八度線を閉ざしたので、私たちはそれ以上南下できず、帰国の手立てが見つからぬまま足止めを食らっていたのである。十月のある日、ソ連は十八歳から四十歳までのすべての日本男子を広場に集めると、「帰国させる」と嘘を言い、全員を平壌《へいじょう》経由でシベリアへ移送した。その中に父もいた。

いわゆる「シベリア抑留」である。ソ連は、満州と朝鮮にいた民間人を含む一〇〇万人ほどの日本人を拘束すると、約一二〇〇か所の捕虜収容所・監獄に収容し、強制労働に従事させたのだ。戦後のことで、もちろん国際法違反である。調査によって数字は違うが、六万から三七万人の死者が出た。極寒のシベリア、過酷な労働と栄養失調で、バタバタと日本人が死んでいったのである。

ソ連は、収容者に赤化教育を施した。洗脳である。そして早くに洗脳された人間を使って、さまざまな密告をさせた。密告の結果、看守によるリンチが横行した。当然、仲間同士、疑心暗鬼になる。そんな危機的な状況の抑留者たちを救ったのが『異国の丘』だった。

のど自慢で人気に

昭和二十三年八月の『NHKのど自慢』で、シベリア復員兵のひとりが「俘虜《ふりょ》の歌える」と題して歌った。当時はアコーディオン奏者が伴奏していたのだが、初めて聴く曲なのでついていけない。ところが翌週、またも同じ曲を歌う人間が現れた。今度はアコーディオンも慣れていて、鐘三つの合格。にわかにこの曲が話題となった。

ようやく作曲者と作詞者が見つかり、九月にはビクターから『異国の丘』の名でレコード化。竹山逸郎《たけやまいつろう》の哀愁のこもった熱唱で大ヒットとなった。

作曲の吉田正と作詞の増田幸治は、ウラジオストックの収容所で一緒だった。軍歌として作られたこの曲を吉田から教わった増田が、新しい歌詞をつけ収容所の演芸会で披露したことで収容所中に広まった。収容所の皆が泣きながら歌ったという。

〈友よ辛かろ　切なかろ　我慢だ待ってろ〉
〈泣いて笑うて　歌って耐えりゃ　望む日が来る〉
〈倒れちゃならない　祖国の土に　辿りつくまで〉

昭和二十一年から歌われ始めたというこの歌は、日本人同士が疑心暗鬼でいた、殺伐とした収容所の雰囲気を一変させた。俺たちは仲間じゃないのか、一緒に祖国に帰ろうと、互いに励ましいたわり合うようになったという。

父は、風呂の中で調子を外しつつこの歌をよく歌っていた。父にとっても、大事な歌だったに違いない。

父は収容所の経験を『望郷』という短編集として発表している。

《「望郷」のでき不出来よりも私はこれを書くことによって憑《つ》きものを落としたかった。私にとっての終戦後の一カ年は十年にも値するほど長かった。引き揚げてきても、なにかの折にその当時の夢を見てうなされた。きまって日本へ帰れないという絶望の夢だった》（エッセイ『小説に書けなかった自伝』）

父は『望郷』のあと、まったくシベリア抑留について書かなかった。書こうと思えばたくさんあるはずだが「書けない」という。作家はどんな経験も作品にしてしまう生き物だが、思い出すことすら辛すぎたのだろう。家族に抑留生活を語ったことはただの一度もない。

私は『異国の丘』を耳にするたびに、涙がこみ上げる。父が祖国を想い、どこにいるか、生きているのかさえ分からない私たち四人を想い、涙ながらに歌った歌だからである。

柿の木坂の家

作詞：石本美由起　作曲：船村徹

一

春には　柿の花が咲き
秋には　柿の実がうれる
柿の木坂は　駅まで三里
思い出すなァ　ふる里のョ
乗合バスの　悲しい別れ

二
春には　青いめじろ追い
秋には　赤いとんぼとり
柿の木坂で　あそんだ昔
なつかしいなァ　しみじみとョ
こころに返る　幼い夢が

三
春くりゃ　偲《しの》ぶ馬の市

秋くりゃ　恋し村祭り
柿の木坂の　あの娘《こ》の家よ
逢《あ》ってみたいなァ
今も尚《なお》ョ
機《はた》織りながら
暮していてか

大人になったあの夏、祖父母の涙の意味を知った

石本美由起（作詞）と船村徹（作曲）は名コンビで、美空ひばりの名曲『哀愁波止場』もこのコンビだった。

『柿の木坂の家』は、昭和三十二年、私が中学二年生の時にヒットした曲だが、何といっても歌手の青木光一が深いため息をもらすように歌った「思い出すなァ　ふる里のョ」がよい。

満州の中央気象台で高層課長となることが決まった父は、新天地満州への夢に溢れ、昭和十八年五月、母と三歳の兄を連れて、山口県下関と釜山《ふざん》を結ぶ関釜《かんぷ》連絡船の崑崙丸《こんろんまる》に乗り、大陸に渡った。私は母のお腹《なか》の中だった。崑崙丸は半年後に、米軍の魚雷で沈没した。

父も青木光一も、ソ連軍によってシベリアに抑留された。シベリア開発の労働力として、乏しい食料しか与えられず苦役を強制されていた。占領地の民を片っ端からシベリアへ労働力として送り込む、というのはロシア帝国以来の伝統である。多くは母国に帰れなかった。父たちシベリア抑留者は戦後に抑留されたのだから、無論、破廉恥《はれんち》な国際法違反である。

青木光一は、死ぬか生きるかの瀬戸際をくぐり抜け、昭和二十四年、ようやく日本に戻った。歌手デビューはその翌年のことである。

きっと青木は、収容所の壁を見ながら、遠く故郷・唐津《からつ》（佐賀県）を思い、〈思い出すなァ〉〈なつかしいなァ〉と涙ながらにつぶやいていたのだろう。

彼の〈思い出すなァ　ふる里のョ〉の一節には、そういった切実さが込められていて、何度聴いても胸に迫る。

この歌がヒットしたのは、〈柿の木〉のある〈坂〉が、日本中にあるからだろう。誰にとっても、柿の木のある坂は、郷愁と重なる。

柿の木坂のモデルは、作詞の石本美由起の生まれ故郷近く、廿日市《はつかいち》（広島県）の明石《あかし》峠付近と言われている。

〈柿の木坂は　駅まで三里〉

とあるが、三里だと一二kmだ。ところが、明石峠から廿日市駅までは約一〇km。異なるといえば異なる。

ところが、母の生家がある茅野《ちの》市の笹原《ささはら》という部落には柿と坂が揃《そろ》っていて、茅野駅まで約一二km。まさにぴったりだから、私にとって、「柿の木坂」は、茅野市笹原である。

茅野の夏

ここは、八ケ岳《やつがたけ》西麓にある海抜一一五〇mの高原で、私にとっての故郷である。

昭和二十一年秋に満州から三十八度線を山中突破して、命からがら引き揚げてきた母は、言語を絶する心身の労苦から体を壊し、翌年から病床についてしまった。

当時、四歳だった私は三つ上の兄、二つ下の妹と、顔を合わせればケンカをしていた。ケンカの原因はほとんど私なので、真ん中の私さえいなくなれば、家に静寂が戻り、母もゆっくり養生していられると考えたらしい。私だけが、笹原の祖父母に預けられることになった。毎夜、仏壇のある八畳間に祖母と並んで寝た。

　引き揚げ直後に住んでいたから、田舎の子どもたちは皆、友だちで、私はガキ大将だった。ひとりで預けられても少しも淋しくなかった。半年ほど預けられて家に戻ったが、その後も毎年、夏休みになった翌日から一カ月間、笹原で過ごすのが私の習慣になった。行かなかったのは高校三年生の受験の時だけで、小学校から大学院まで、夏の一カ月は涼しいここで過ごした。

　学校が始まる八月の終わりになると、帰京となる。帰京の用意をすませた幼い私が「さよなら」を告《の》べると、必ず祖母が縁側《えんがわ》に出てきて、皺だらけの手の掌《てのひら》の方で涙を拭い始めた。明治初年にできた古家の縁側は、至るところすり減り、木目が浮き出ている。農作業衣である立っ付け袴《ばかま》を履いたまま、縁側にぺたんと座り込んで泣いている祖母に尋ねた。

「どうして泣いてるの？」

「当分会えねぇと思うと、さむしいだ。れぇねん（来年）まで彦ちゃに会えねぇでさむしいだ」

　と何度も繰り返した。小学生の時はもちろん、中学生になっても、私には祖母の涙の意味がよくわからなかった。

ようやくわかったのは、高校生の頃だった。私が泣き始めたおばあちゃんに「また年中行事だね」と言ったら、

「もう会えねぇかもしれねぇと思うとな」

と言ったのだ。

祖母は、これが最後かもしれないと思っていたのだ。子どもの頃、日露戦争の旅順陥落提灯《ちょうちん》行列に加わったという祖母だった。

それからは、別れの時は、逆に私の方から祖母の目をじっと見つめるようになった。「もしかして、あんなにやさしくしてくれたおばあちゃんもこれが見納めかもしれない」と思うと、サヨナラを言う前に目頭が熱くなった。

大学に入った頃だったか、ある年、珍しく祖父母がふたりしてバスの停留所まで送ってくれた。彼らはバスのことを「乗合」と呼んでいた。

明治二十年代に水呑《みずの》み百姓の長男として生まれた祖父は、早くして両親をなくし、貧しさのため上の学校へ行けず、検定で旧制中学を卒業し、検定で長野師範学校を卒業し、何と二十八歳で小学校の校長まで登り詰めた人だった。当時としては身長一七五cmの巨漢で、低

く深い声に威厳があった。

その祖父が、いつも通り涙を流す祖母の横で、何と拳骨《げんこつ》で涙を拭っている。

「ばあさんが涙もろいと、じいさんにまで伝染するわい」

私が祖父を目にしたのは、これが最後となった。

私は今でも、『柿の木坂の家』を聴くと、この時の情景が鮮明に浮かぶ。誰が何と言おうと、茅野の笹原が、私にとっての「柿の木坂」である。

急げ幌馬車

作詞：島田芳文《しまだよしふみ》　作曲：江口夜詩《えぐちよし》

一
日暮れ悲しや　荒野《あれの》は遥《はる》か
急げ幌馬車《ほろばしゃ》　鈴の音《ね》だより

どうせ気まぐれ
さすらいものよ
山はたそがれ　旅の空

二
別れともなく　別れてきたが
心とぼしや　涙がにじむ
野越え山越え
何処《どこ》までつづく
印《しる》す轍《わだち》も　片明《かたあか》り

三
黒馬《あお》はいななく　吹雪《ふぶき》は荒れる
さぞや寒かろ　北山おろし
なくな嘆くな

いとしの駒《こま》よ
なけば涙も　なおいとし

さすらい者の心境に感慨をこめる父、母、私

昭和前期の大陸歌謡ブームの先駆け的楽曲。作詞は福岡県出身で若山牧水《わかやまぼくすい》に短歌を学んだという島田芳文、作曲は江口夜詩。江口は十六歳で海軍軍楽隊に応募して、横須賀海兵団に入団。退役後『急げ幌馬車』『憧れのハワイ航路』『赤いランプの終列車』などを作曲する傍ら、多くの門下生を育てた。

『急げ幌馬車』は昭和九年発表の歌で、戦前の大陸歌謡ブームの先駆けとなった曲である。私の生まれる大分前だが、私の父や母を育てた歌であり、祖父母が口ずさんだ歌だから、自《おの》ずと懐かしさを感じる。

この歌が世に出る三年前、昭和六年に満州事変があった。あっという間に関東軍が全満州（現・中国東北部）を占領してしまった。それで陸軍は調子づき、数年後に日中戦争という無

意味な戦い、底なし沼へと突入していく。満州事変の翌年には、清《しん》朝の最後の皇帝の愛新覚《あいしんかく》羅《ら》溥《ふ》儀《ぎ》を皇帝にした満州国が建国されるが、これは日本の傀儡《かいらい》国家だった。

当時の満州は、荒れ果てた、人もほとんど住まない原野のような場所だった。そこを開拓し、工業を興し、将来、アメリカとの最終戦争になった時に備え、力強い親日国をつくろう、という遠望が我が国にはあった。背景にはもうひとつ、昭和四年の世界大恐慌や、それ以前から東北地方で続いていた飢饉《ききん》の影響もあった。東北では餓死が続出し、若い娘たちが家族を救うため次々と赤線などに身売りされ、多くは数年後に、身も心もボロボロの廃人となって故郷へ帰った。軍隊には東北出身の兵隊も多く、将校たちの間に「あまりにも気の毒だ、彼らのためにもっと広い天地を」との同情心も生まれ、満州に進出したという側面もあった。

実際、二人の主謀者、関東軍高級参謀板垣征四郎《いたがきせいしろう》は岩手県、作戦参謀の石原莞爾《いしはらかんじ》は山形県の出身だった。無人とはいえ他国の領土に国を作ったのだから、当然ながら国際連盟から不法と非難された。怒った日本は満州国建国の翌年、国際連盟を脱退した。

そんな不穏な空気が漂う昭和九年、『急げ幌馬車』は世に出た。貧しい故郷を捨てて、新天地の満州の荒野に向かっていったさすらい者の孤独な姿を歌った曲だった。歌ったのは松《まつ》平晃《だいらあきら》で、前年の昭和八年に『サーカスの唄』をヒットさせ、一躍、人気歌手となっていた。作曲は岐阜県大垣市出身で、戦後に『憧れのハワイ航路』や『赤いランプの終列車』を作曲した江口夜詩で、古賀政男のライバルと言われた人であった。

父は風呂でよくこの『急げ幌馬車』を歌っていた。母も小声で口ずさんでいた。父は歌いながら自身の満州時代の感慨を込めていたようだが、音痴だったし、子どもだった私はとくに何も感じなかった。ところが、私が大学院の頃、ラジオの深夜放送で松平晃の古いレコードがかかった。

私はその頃、一日十六時間以上も勉強していた。起きている間はすべて数学のことを考えていた。ぐったり疲れて深夜に布団に入ってラジオをつけると、夜中の二時か三時ぐらいだったか、雨が降るような雑音混じりの古いレコードの『急げ幌馬車』が聞こえてきた。突然、なぜか涙ぐんでしまった。

父も母も生きていたし、父はすでに直木賞をとっていて家は貧しさから完全に脱していた。何もかも順調だった。

ただ、大学二年で数学を始めてから、私は好きな碁も将棋も麻雀《マージャン》も全部断っていた。友だちと会っておしゃべりすることも一切断っていた。ついでに女まで断った。女房は「女を断ったなんてカッコイイことを言わないでよ。モテなかっただけでしょう」と言うが。数学だけに生き、阿修羅《あしゅら》のごとく頑張っていたが、今後、世界の天才たちに伍《ご》してやっていけるか、などの不安も強くあった。不安で押し潰されそうになって、それを忘れるために、かえってがむしゃらに勉強をしていた。そんな生活が何年も続いていたから、すべてを捨て、数学という荒野に向かうさすらい者としての自分を、松平晃の歌う『急げ幌馬車』に重ね合わせていたのかもしれない。

故国を離れ満州気象台へ

満州では、父も同じような気持ちだったのではないだろうか。父は東京の中央気象台、今の気象庁にいた。日常業務をこなす傍ら、気象研究者としていくつもの論文を書いていたが、いつまで経っても課長になれなかった。それほど論文を書いていない東大出身者がどんどん課長になっていくのに、自分は東大を出ていないばかりに出世できない。こんな不満を抱いていた父は、新天地の満州に課長として行かないか、と中央気象台長で叔父の藤原咲平に言われて飛びついた。満州気象台に行ったのは昭和十八年五月だった。この四月には山本五十六連合艦隊司令長官が戦死、五月にはアッツ島玉砕、と日本軍は追い込まれていた。家族を危険にさらすことになるかもしれないが、精神衛生に悪い東京を離れたいと父は考え、満州に行ったのである。

父は満州でさすらい者の心境を味わったに違いない。二十年ほど前、私は二歳一カ月で出たままの我が生地を、母の生きている間に母の案内で見ておきたいと思い、八十歳を過ぎて認知症気味となってきた母を説得し、私たち一家と一緒に満州の新京、今の長春を訪れた。私たちの住んでいた官舎や私の生まれた満鉄病院、新京駅などを見た。何日目かに母が動物園に行ってみたい、と言いだした。私たちのかつての官舎から一㎞ぐらいのところに動物園があり、シベリア虎がいて兄や私を脅えさせた、と言った。

母はだしぬけに「動物園には白樺の木がある」と付け加えた。徒歩で向かうと、動物園は植物園に変わっていた。植物園の門を入って少し歩いたら、母の言ったように白樺の木が何本も現れたのでびっくりした。白樺というのはもともと信州に多い木で、母の卒業した諏訪高等女学校の校門から玄関前までずうっと白樺並木が続いていた。母は遠い満州に渡って、動物園の白樺を見ながら故郷をしみじみと思っていたのだ。父だけでなく、母もさすらい者だったのである。

『急げ幌馬車』はさすらい者の父の歌であり、母の歌でもあり、私の青春の歌でもあった。

琵琶湖周航の歌

作詞：小口《おぐち》太郎《たろう》　作曲：吉田千秋

一
われは湖《うみ》の子　さすらいの
旅にしあれば　しみじみと
のぼる狭霧《さぎり》や　さざなみの
志賀の都よ　いざさらば

二
松は緑に　砂白き

雄松《おまつ》が里の　乙女子《おとめご》は
赤い椿の　森蔭《かげ》に
はかない恋に　泣くとかや

三
波のまにまに　漂えば
赤い泊火《とまりび》　なつかしみ
行方定めぬ　波枕
今日は今津か　長浜か

四
瑠璃《るり》の花園　珊瑚《さんご》の宮
古い伝えの　竹生島《ちくぶしま》
仏の御手《みて》に　抱《いだ》かれて
ねむれ乙女子　やすらけく

五

矢の根は深く　埋《うず》もれて

夏草しげき　堀のあと

古城にひとり　佇《たたず》めば

比良《ひら》も伊吹も　夢のごと

六

西国《さいごく》十番　長命寺《ちょうめいじ》

汚《けが》れの現世《うつしよ》　遠く去りて

黄金《こがね》の波に　いざ漕《こ》がん

語れ我が友　熱き心

素晴らしい文語詩と美しい楽想が見事に調和した名曲

『琵琶湖周航の歌』は大正六年六月、三高ボート部による慣例の琵琶湖周航の途次《とじ》、今津の宿で部員の三高生、小口太郎が「今日ボートを漕ぎながらこんな詩を作った」と言って披露。これを『ひつじぐさ』のメロディに乗せて皆で歌ったことでこの曲が誕生し、その後は三高生たちに寮歌として歌い継がれた。なお『ひつじぐさ』を作曲した吉田千秋は、三高生に歌われていることなど知らず、翌々年の大正八年、結核により二十四歳で早逝《そうせい》した。

三高ボート部では、琵琶湖を一周する琵琶湖周航を恒例の行事としていた。ボートの置いてある大津を起点に、北へ行って、東に琵琶湖を横断し、時計回りに一周する。七人乗りの手漕ぎのボートで、六人が漕ぎ手、一人が舵手《だしゅ》である。一周するのに三日か四日かかる。その周航から詩が生まれ、歌になった。広く一般に知られるようになるのは、昭和八年のレコード化のあとだが、昭和四十六年に加藤登紀子が歌い大ヒットした。

加藤登紀子が歌った時、私は大いに注目した。実は加藤登紀子は私と同じ年に東大に入った同期生なのだ。あの頃、東大にはほとんど女子学生がいなかったこともあり、私はまだデビュー前の彼女が、大学の掲示板の前で、白いブラウスと紺のスカートというごく平凡な服装で立っているのを覚えている。休講の掲示でも探していたのだろう。その人がしばらくしてテレビに出てきたので、びっくりしたのだ。しかも母が、テレビの加藤登紀子に声を合わせて歌い始めたので、もう一度びっくりした。

母は流行歌をほとんど知らないのだが、レコード化された昭和八年、母は諏訪高等女学校の生徒だったから、友だちと一緒に歌っていたのだろうと思った。ところが後日、作詞した小口太郎と母が、ともに諏訪の出身だったことがわかった。小口は諏訪湖の北西の湊村《みなとむら》（現・岡谷市）で、母は諏訪湖の東の湖東村《こひがしむら》（現・茅野市）で生まれた。しかも、小口の通った小学校は高島小学校で、父の母校でもある。小口は高島小学校から諏訪中学を経て三高を卒業し、大学は東大の理学部物理学科に進んだ。私は理学部数学科だから、何かと共通点が多く、一層この歌に惹きつけられた。

『琵琶湖周航の歌』だから、冒頭の〈われは湖の子　さすらいの〉の「湖」は、琵琶湖を指しているとされている。ただ、私は、小口は諏訪湖を思って作詞したのだと感じている。「われは湖の子」には〝自分は諏訪湖の子どもなんだ〟という気持ちがこめられていると思う。彼の生家のある湊村は諏訪湖に面していて、そこには天竜川への水門、釜口《かまぐち》水門がある。それに高島小学校へも、諏訪中学へも、諏訪湖沿いに毎日片道だけで一〇㎞近くも歩いて通ったからである。自分の生まれ育った諏訪湖の湖と、三高ボート部で馴染んでいる琵琶湖の湖と、両方をかけているという見方もできるが、諏訪湖への思いが強く滲み出ている気がする。故郷を離れ、京都に来て今は琵琶湖をめぐっている。そういう、さすらいの身で〈のぼる狭霧〉を見て、しみじみと故郷を思い出している。一番の歌詞を私はそう解釈している。

色彩豊かに湖国を染め上げる

〈さざなみの　志賀の都よ〉という言い回しの奥深さも見逃せない。「志賀」は滋賀県の滋賀のことだが、昔はこのように書いた。そして「さざなみの」は志賀の枕詞《まくらことば》として使われた。平安末期の『千載集《せんざいしゅう》』に「さざなみや志賀の都はあれにしを昔ながらの山桜かな」という和歌がある。小口太郎は理系の人で、十九歳の頃にこの詩を書いた。いかに昔の人の教養レベルが高かったかが窺《うかが》い知れる。

二番の「雄松」というのは、大津から北に二〇㎞ほど行った今の近江舞子のことである。

私も二十代の頃に逗留《とうりゅう》したことのある、白砂青松の地だ。四番の「瑠璃の花園」は日本三弁才天《べんざいてん》のひとつの竹生島宝厳寺《ほうごんじ》で、「珊瑚の宮」は同じく竹生島の都久夫須麻《つくぶすま》神社を指す。〈松は緑に　砂白き〉〈赤い椿の　森蔭に〉といった表現で色彩豊かに湖国を染め上げているのも、この詩の優れた点だろう。

小口太郎は二十六歳で自殺してしまった。とても優秀な学生で、将来はノーベル賞有望といわれるほどの研究論文を書き、東大卒業後は航空研究所に勤めていた。自死の理由ははっきりしないが、研究上の行きづまりがあったとも、恋人との結婚を家族から反対されて悩んでいたとも伝えられる。

この楽曲の元になった『ひつじぐさ』のメロディを作った人物については、長らく不明だったが、平成になってようやく、新潟出身の吉田千秋という人物だということが判明した。彼は二十四歳で結核で亡くなっている。作詞者は二十六歳、作曲者は二十四歳で夭逝《ようせい》し、お互いに会ったこともない。そんなふたりの素晴らしい文語詩と美しい楽想が見事にマッチして、この情緒に富んだ名曲が生まれた。

私はこの歌の四番の舞台である竹生島を一昨年、女房と訪れた。「ほんとに素晴らしいところね」と喜ぶ女房と手をつないで島を歩きながら、私は、半世紀ほど前に好きだった人が琴の合奏会で『竹生島』という曲を弾いたことを思い出したりしていた。男とは始末に困る生物だ。

別れの一本杉

作詞：高野公男《たかのきみお》　作曲：船村徹

一
泣けた　泣けた
こらえきれずに泣けたっけ
あの娘《こ》と別れた哀しさに
山のかけすも鳴いていた
一本杉の
石の地蔵さんのヨ　村はずれ

二
遠い　遠い
想い出しても遠い空
必ず東京へついたなら
便りおくれと言った娘《ひと》
りんごのような
赤い頰《ほ》っぺたのヨ　あの涙

三
呼んで　呼んで
そっと月夜にゃ呼んでみた
嫁にもゆかずにこの俺の
帰りひたすら待っている
あの娘《こ》はいくつ

とうに二十《はたち》はヨ　過ぎたろに

大好きだった祖母のおもかげが歌に重なる

気象台官舎を出て吉祥寺に移った私が通ったのは、武蔵野市立第四小学校だった。私の学年は五〇人のクラスが一組から六組まで、すなわち一学年三百人の大所帯だった。「産めよ殖《ふ》やせよ」の頃の子どもだったからだ。二歳下の妹の学年は昭和二十年から二十一年の生まれだから、終戦の混乱で出産どころでなかったのか、四組しかいなかった。クラスの親分だった私だが、同じ学年に六人いる親分の中の親分になるべく、日々、ケンカに明け暮れていた。

兄妹三人の真ん中で、家でも一番うるさく手のかかった私は、夏になると決まって、信州にある母方の祖父母の家に預けられた。

今なら新宿から茅野まで特急あずさで二時間だが、昭和二十年代は蒸気機関車で、六時間もかかった。そのうえ中央線はトンネルが多く、トンネルに入るたびに発せられる汽笛を聞くや、煤煙《すすけむり》が入るのを防ぐため全乗客が慌てて窓を閉めるという騒ぎだった。たいていの人は、顔に煤をつけて到着することになった。私の顔はいつも煤だらけだったのか、茅野駅に迎えにきてくれた祖母の第一声はいつも「まあー」で、そのまま駅の水道に私を連れていき、顔を洗ってくれた。

田舎のお盆は、八月の十三日から十六日である。その期間には、火の見櫓《やぐら》に備え付けられたスピーカーから歌謡曲が流れてくる。朝六時頃からだ。祖父母の家は火の見櫓のすぐ下だったから、いつも大音量だった。

三橋美智也《みはしみちや》や春日八郎《かすがはちろう》の歌が多かった。春日八郎の『別れの一本杉』は、作詞は高野公男、作曲は『柿の木坂の家』や『兄弟船』で知られる船村徹である。昭和三十年に春日八郎の歌でレコード化されるや大ヒットとなった。私が、小学六年生の頃である。

当時はこの歌の良さがわからなかったが、祖母が大喜びした。春日八郎ファンだったのだ。

祖父が、春日八郎に似た好男子だったからかもしれない。

祖父は水呑百姓の生まれで、早く両親を失い辛酸を舐めたせいか、気性のはげしい人だった。二十八歳で小学校長になるという優秀さのため、豪農の祖母の家に婿養子として入ることができた。論客であり、厳しい言動で恐れられた祖父とは正反対に、祖母はやさしく、涙もろく、凶作の年には小作人から小作料を取らなかったりする、という人だった。私の母は、この祖父の性格を受け継いだ。母はこのはげしさにより、私たち三人の幼児を抱え、食堂のゴミバケツを漁ったりしながら一年余りの彷徨《ほうこう》生活に耐え、帰国することができたのだ。

偉丈夫《いじょうぶ》の祖父は、たしかに春日八郎を彷彿とさせるところがあった。

夕飯後のラジオから『別れの一本杉』が流れてくると、十数m離れた川で食器などを洗っている祖母を私が縁側から大声で呼ぶのが慣わしだった。

「おばあーちゃーん、春日八郎、出てるよ！」

と叫ぶ。と、小太りの祖母が慌てて小走りで戻ってきた。私が大学生になっても、この習慣は変わらなかった。

おばあちゃん子だった私は、いつも一緒の部屋に寝ていた。夏にはよく、夜中に「やいヒコちゃ、蚤《のみ》をとってくれねえか」と起こされた。老眼では蚤が見つからなかったのである。腰巻きひとつの祖母が布団の上に立っている。母と弟妹、計四人の子どもがぶらさがった乳首がヘソの横にあった。私は白いシーツの上に茶色の蚤を素早く見つけると、爪《つめ》で潰しては、祖母に褒《ほ》められた。
そんな思い出までも、この歌にはこびりついている。

二十六歳で天逝

『別れの一本杉』は、地方から東京へと働きに出てきた青年の歌である。昭和三十年代の上京は、恋人たちにとって、「永遠の別離」を意味した。泣く泣く〈あの娘〉と別れるしかなかったのである。

昭和三十一年のヒット曲、三橋美智也の『リンゴ村から』や、同じく三橋の昭和三十二年の『おさげと花と地蔵さんと』もやはり、上京の別離がテーマである。

春日八郎は、福島県の会津坂下町《あいづばんげまち》の出だ。戊辰《ぼしん》戦争において娘子隊《じょうしたい》を率いた薙刀《なぎなた》の名手・中野竹子が眠る町である。春日八郎もまた、故郷を捨て上京したひとりだったのである。

戊辰戦争で薩長《さっちょう》と戦った会津は、明治、大正、そして昭和になっても、権力をほしいままにした薩長にいじめられた。江戸時代には仙台に次ぐ東北第二の町だった会津若松に、新幹線は通してもらえなかった。上野から新幹線で福島県の郡山《こおりやま》に行くより、郡山からたった五〇㎞余りの会津若松に行く方が時間がかかる。この磐越西線《ばんえつさいせん》は単線なのだ。会津坂下は、会津若松からさらに只見《ただみ》線で奥に行かなければならない。

武士道の本場ともいうべき会津若松が好きで七、八度は訪れたが、行くたびに愛着と哀切の念が高まる。

早朝六時に頭の上から聞こえてくる『別れの一本杉』は、幼い私にとって安眠を破るものでしかなかった。情緒が育っていない子どもとはそんなものである。夏の農家は繁忙で、ほとんどの人は午前四時頃に起きて、朝六時にはすでに野良に出ていた。

私がこれほど胸に迫る歌はないと思い直したのは、ずっと後になってであった。とくに、一番、二番、三番の冒頭の繰り返しがいい。

〈泣けた　泣けた
　こらえきれずに泣けたっけ〉
〈遠い　遠い
　想い出しても遠い空〉
〈呼んで　呼んで
　そっと月夜にゃ呼んでみた〉

慕情を抱きながら別れた恋人への切々たる思いが、同じ言葉を重ねることで、心に響いてくる。作詞の高野公男は、『別れの一本杉』の翌年、肺結核でこの世を去った。二十六歳の若さだった。この歌は、高野の命の叫びでもあった。

赤いハンカチ

作詞：萩原四朗《はぎわらしろう》　作曲：上原賢六《うえはらけんろく》

一

アカシアの
花の下で
あの娘《こ》が窃《そ》っと
瞼《まぶた》を拭《ふ》いた
赤いハンカチよ
怨《うら》みに濡れた

目がしらに
それでも泪《なみだ》は
こぼれて落ちた

2

北国の
春も逝《ゆ》く日
俺たちだけが
しょんぼり見てた
遠い浮雲よ
死ぬ気になれば
ふたりとも
霞《かすみ》の彼方《かなた》に
行かれたものを

3　アカシアの
花も散って
あの娘はどこか
俤《おもかげ》匂《にお》う
赤いハンカチよ
背広の胸に
この俺の
こころに遺《のこ》るよ
切ない影が

五十歳を過ぎてようやく理解した〝大志と恋の葛藤〟

青春に過ちはつきものである。
真っ只中にいる時は気づかなくとも、歳を重ね、中年を過ぎたあたりになると、悔恨が胸にこみ上げてきたりする。

萩原四朗作詞、上原賢六作曲による、石原裕次郎の名曲『赤いハンカチ』は、そういう歌である。

石原裕次郎が銀幕に颯爽《さっそう》と登場したのは、私が中学生の時だった。身長一七八cmの長軀《ちょうく》に、八五cmとも九〇cmともいわれた長い脚。その長い脚を持て余すような歩き方に惚《ほ》れぼれした。ないものねだりだった。私は座高が九五cmでクラス一だったのだ。

当時、彼の歌で私が好きだったのは、不良っぽい『錆《さ》びたナイフ』だった。中流家庭に育った優等生の私にとって、不良はないものねだりを超えて、かすかな憧れでもあった。この歌も作詞と作曲は『赤いハンカチ』と同じコンビによるものだった。今でも『錆びたナイフ』は私がカラオケで真っ先に歌う歌だ。数年前、石原慎太郎氏との対談でそう言ったら、「数学者が『錆びたナイフ』かぁ」と言って、いかにもうれしそうに笑った。弟思いの人なのだろう。

『赤いハンカチ』は、昭和三十九年に同名の映画が公開されたが、ヒロインの浅丘ルリ子の可憐さはこの世のものとは思えないものだった。数年前に、ある会で見かけた彼女は、可憐というより妖艶だったが。

この歌の良さが心に沁み始めたのは、青春を懐かしいと思うようになった頃である。

この歌の最大のキーは、一番の歌詞の、

〈怨みに濡れた　目がしらに〉

である。

アカシアの花の下、赤いハンカチで涙を拭う若い娘。その目は、悲しみでも寂しさでもなく、「怨み」に濡れているのである。男がこの娘を捨てたのであろう。

男は娘を嫌いになったのか。いつも私が注目する二番を見れば、そうでないことが分かる。

〈死ぬ気になれば　ふたりとも
霞の彼方に　行かれたものを〉

覚悟を決めれば、愛するふたり、手を取って生きていくことができた、手を取って死ぬことさえできた。それなのに男はそうしなかったのである。

〈男児《だんじ》志を立てて郷関《きようかん》を出《い》づ／学若《も》し成る無くんば死すとも還《かえ》らず〉

幕末の僧・月性《げつしよう》の漢詩の一節である。男児たるもの、志を持って故郷を出たからには、大きな仕事を成し遂げるまでは死んでも帰らない。そういう決意を詠《よ》んだものだ。

『赤いハンカチ』の男は、彼女への恋心と、自らの志との狭間《はざま》にあって、長く苦しい葛藤《かっとう》の末、僧・月性の漢詩のごとく志を選んだのだろう。

〈春も逝く日〉

〈俤匂う〉

〈こころに遺るよ〉

〈切ない影が〉

「残る」とせずに、わざわざ遺言の「遺」を使ったり、あるいは春が「逝く」と表現したりと、歌詞のあちこちに〝死〟がほのめかされている。志を全《まっと》うするため、男は心の中で彼女を死なせたのだ。死んだ人と諦め、ほとばしる涙をほとばしる血潮に変えて、勇躍故郷を旅立ったのではないか。

青春ゆえの過ち

ラマヌジャン（一八八七〜一九二〇）というインドの天才数学者がいる。高卒の彼は、マドラス（今のチェンナイ）港湾局の経理課員だったが、寝ている間にヒンドゥーの神々が教えてくれる、といって数千もの新しい公式や定理を発見した。特殊相対性理論は、アインシュタインがいなくても二年以内に誰かが発見しただろう、といわれているが、ラマヌジャンは「なぜそんな公式を思いついたのか見当も付かない」という天才なのである。

ラマヌジャンが発見した公式や定理を理解できる人はインドにいなかったので、彼は手紙に書いて宗主国イギリスの数学者に送り続けた。受け取ったひとり、ケンブリッジ大学のハーディ教授は、当初は「植民地インドの狂人のたわ言」と思ったが、羅列された公式の中に、ハーディ自身が発見したが、公表していなかったものを見つけ、驚愕した。ラマヌジャンの才能を見抜いたハーディは、彼をケンブリッジに研究員として招聘《しょうへい》した。高卒として初めてだった。ようやく才能が認められ、イギリスに発つラマヌジャンのはやる気持ちはいかばかりであったか。まさに〈男児志を立てて郷関を出づ〉である。

「命がけで戦う戦場に、妻や恋人は邪魔だ」

そう思ったラマヌジャンは、結婚したばかりのかわいい妻を郷里に残して、ひとり敵地に乗り込んだ。

これが失敗だった。

ラマヌジャンが留学したのは一九一四年。すぐに第一次大戦が始まったこともあり、郷里からの手紙もカレー粉などの食料も途絶えた。その中で彼は数学に精進し、毎朝六個の新しい定理をハーディ教授のところに持ってきたという。異国での孤独の奮闘が三年も続いたのち、ラマヌジャンはとうとうノイローゼとなり、地下鉄に飛び込むという自殺未遂まで起こしてしまった。

留学から五年後、弱る一方のラマヌジャンは、療養のためにインドに帰国したが、体調は回復せず、帰国の翌年、三十二歳の若さでこの世を去った。

外国での辛く孤独な研究生活も半年、一年なら我慢できる。だが、それ以上はだめだ。志を成し遂げるためには、最愛の人の支えが必要なのである。

『赤いハンカチ』の男は、大天才ラマヌジャンと同じ失敗をしたのである。彼女の真心を踏みにじったことを、死ぬまで後悔したに違いない。〈死ぬ気になれば〉よかったのに、それを選ばなかったのだから。

私の胸に最も突き刺さる歌でもある。

第四章

恋に恋する日々

白い想い出

作詞・作曲：山崎《やまざき》唯《ただし》

雪が降ってきた
ほんの少しだけど
私の胸の中に
積りそうな雪だった
幸せをなくした
黒い心の中に
冷たくさびしい
白い手がしのびよる

雪が溶けてきた
ほんの少しだけど
私の胸の中に
残りそうな雪だった
灰色の雲が
私に教えてくれた
明るい陽ざしが
すぐそこに来ていると

灰色の雲が
私に教えてくれた
明るい陽ざしが
すぐそこに来ていると
すぐそこに来ていると

恋を知らず、恋に恋していた空虚さを埋めてくれた

福田平八郎《へいはちろう》（一八九二～一九七四）という日本画家がいる。

私のお気に入りで、彼の作品には、屋根瓦にほんのりと降り積もった雪や、松葉に積もり始めた初雪を描くなど、「雪」をモチーフにしたものが多い。

どさっと積もっているのではなく、降り始めのほんの少しだけ、微妙な厚さと色合いで積もっているさまが、実にいい。日本的情緒の神髄を表現していると思う。

福田平八郎の描く「雪」を、そのまま詩にしたような歌が『白い想い出』である。

この歌は、昭和三十八年にダーク・ダックスが歌ってヒットした。私が大学二年生の時だ。

私の大学は二年前期までに教養課程を終え、二年後期から専門課程へ進むようになっていた。大学二年生で数学科に進んだばかりの私は、小学生の頃から夢に見ていた数学者になろうと、数学に身も心も捧げていた。

母が、「男女交際はグループ交際以外許しません」の人だったこともあり、この頃まで私

は、デートをしたことさえなかった。純粋とはいえなくとも無垢《むく》だった。しかし、恋はしたい。とてもとても。仕方なく恋に恋していた。

『白い想い出』は、恋に恋していた私の気持ちに見事に重なった。

〈ほんの少しだけど〉降ってきた雪は、〈私の胸の中に　積りそうな雪〉なのだ。しかも、

〈幸せをなくした　暗い心の中に〉積もる。

　これは淡い恋を失った女性の歌であろう。

　この女性の中には、悲しみ、寂しさ、やるせなさ、虚しさといった感情が胸の底に重く沈んでいる。噴き出さないよう、どうにか抑えている。

　それなのに、心の中に、〈冷たくさびしい　白い手がしのびよる〉。ぎりぎりの均衡を保っていた心は、いまにも崩れそうになる。

　二番になると、〈私の胸の中に　残りそうな雪〉が、少し溶けてくる。寂しくて辛い恋心が、かすかに呼吸を始めている。

「片思い専門家」の私にとっては、これは淡い恋心の発する深い吐息のようにも思える。失恋しなくとも、淡い恋心でも同じ感情を持つからである。

〈灰色の雲が　私に教えてくれた　明るい陽ざしが　すぐそこに来ていると〉

という歌詞は示唆的だ。

いくら耐え忍び、待っていても、彼は私の想いに気づいてくれない。でも、希望を捨ててはいけない。夢を諦めてはいけない。〈明るい陽ざし〉はすぐそこにある。どんな辛い恋にも、どんな長いトンネルにも、必ず出口はある。

彼との恋は成就しないかもしれない。たとえそうであっても、彼を心から愛していたことは決して変わらない。その想いを生涯抱き続ける生き方もあるのではないか。その想いを胸に、強く生きよう。

辛さの向こうに、彼女はこんな「希望」を見いだしたのだろう。

新幹線の中で口ずさむ

『白い想い出』が世間で流行っていた頃、私は青春を数学に捧げていた。デートどころではない。新聞もテレビも避けて、数学に集中した。英語でいうと、「around the clock」。昼夜を分かたず、二十四時間ぶっ通しという意味だ。

私は「長いトンネル」の中にあった。しかも、歩いている先に出口があるかどうかもわからない。頭脳だけの勝負で世界を相手にやっていけるか、という能力についての不安、自分のやっている分野の価値に対する不安、将来数学者として生計を立てられるかの不安、などで潰されそうだった。

独り身の寂しさがそれに加わる。恋をしていないので、失恋の辛さすらわからない。私の場合、「あの娘は振り向いてくれない」のではなく、「誰も振り向いてくれない」のだ。つまずいて転んでも、誰も気づいてくれないような人間だった。

京都での学会からの帰りの新幹線で、『白い想い出』をずっと口ずさんでいたことがある。しんしんと雪の降る夜だった。

暗い車窓を眺めながら、三時間近く口ずさんでいた。隣の乗客は変人と思ったかもしれない。

『白い想い出』を口ずさむことで、夢に見る恋や失恋を味わうことができたのだ。

数学は、極めて抽象的なものである。人間の生活や感情から、最も離れたところにあるといってもいい。その数学世界に、阿修羅のごとく邁進《まいしん》するということは、人間として大切なものをすべて置き去りにするということでもある。心にぽっかりと空虚の穴が開く。私はこの空虚さを、『白い想い出』で埋めていたのかもしれない。

この歌は、ダーク・ダックス、のちに千昌夫と結婚したジョーン・シェパード、アルゼンチン出身のグラシェラ・スサーナなどが歌っている。私が好きなのは、スサーナだ。ちょっとぎこちない日本語が、味になっている。

グラシェラ・スサーナの人生に疲れ切ったような気だるさが、実に『白い想い出』に合っている。

彼女はきっと、これまでの人生で、恋に恋を重ねたのだろう。彼女の気だるさが、何年にもわたり数学に明け暮れる私の心に、共鳴したのだった。

22才の別れ

作詞・作曲：伊勢正三《いせしょうぞう》

あなたに「さよなら」って言えるのは今日だけ
明日になってまたあなたの暖い手に触れたら

きっと言えなくなってしまう
そんな気がして…
私には鏡に映ったあなたの姿を見つけられずに
私の目の前にあった幸せにすがりついてしまった

私の誕生日に22本のローソクをたて
ひとつひとつがみんな君の人生だねって言って
17本目からはいっしょに火をつけたのが
きのうのことのように…
今はただ5年の月日が永すぎた春といえるだけです
あなたの知らないところへ嫁いでゆく私にとって

ひとつだけこんな私のわがまま聞いてくれるなら
あなたはあなたのままで変らずにいて下さいそのままで

同じ時代を通った人が抱える癒えない傷

『22才の別れ』は、昭和五十年にフォークデュオ「風」が歌ってヒットした楽曲である。作詞作曲は伊勢正三だ。

十七歳から五年間付き合ったボーイフレンドをふって、結婚する女性の歌だ。ふられるのが専門だった私にとって、身にこたえる歌でもある。難解なのは、五行目の〈私には鏡に映ったあなたの姿を見つけられずに〉という一節だろう。どう解釈するか、私は三つの可能性があると思っている。

一つは、相手の男性の本当の姿がわからないことを意味しているという解釈だ。当時の男子学生は、だいたいが長髪でギターなどを弾いて、軽口をたたいていた。そんなあなたの姿が実像なのか虚像なのか、よくわからずに、本当の姿を見いだせないまま、嫁いでいくという見方である。

二つ目は、〈鏡に映ったあなた〉は、今の目の前にいるあなたでなく将来のあなた、という見方である。これから、あなたがどのような仕事をしてどのような生活をしていくのか、そういう将来の姿が見えなかった、という意味である。

三つ目は、ふたり一緒にする生活の比喩《ひゆ》である。〈鏡に映ったあなたの姿〉を見るということは、鏡の前に自分がいて彼もいる。そうやってふたりで一緒に暮らしていく姿が、どうしても現実として思い描けなかった、というとらえ方である。いずれにせよ、これから先のふたりの将来を見通すことができず、女性は別離を選んだのである。

どうしてゆったりと恋を味わってきたまだ二十二歳の女性が、これほど切羽詰まったことを言うのだろうか。当時は二十代前半が女性の結婚適齢期と言われていたからである。二十二歳というのは、女性にとって微妙な年齢だった。私はアメリカから帰ってきて五回お見合いし、結果は一引き分け四連敗だったが、お見合い相手は全員が二十二歳から二十五歳までだった。その辺りが女性にとって勝負の年齢と、少なくとも親はそう思っていた。たいていの母親は、出遅れてはいけないと陰に陽に、娘に強いプレッシャーを与えていた。

そういう時代背景の中で、この曲の女性は、五年間付き合っていた彼を好きだったのに、将来が見えず、親の持ってきた条件のよい見合い結婚の話に乗ってしまった。多くの女性はこうやってお見合い結婚をしていった。当時の女性の多くは、非情な割り切りを家族や社会から要求されていたのである。私のように、この非情な割り切りに泣かされた男性も同じ数だけいたのだ。

自信の持てない男たち

歌詞の最後の二行には、〈ひとつだけこんな私のわがまま聞いてくれるなら　あなたはあなたのままで変らずにいて下さい　そのままで〉とある。私は今の、そのままのあなたが本当に好きだった。だから、永遠にそのままでいてくださいと、言っている。これは女性の正直な気持ちなのだろうが、男にとって、慰めにもならない辛い言葉だ。この辛く非情な言葉に、男はじっと耐えざるを得なかった。

この時代、二十代前半ぐらいの男は、まだ自信が持てず不安だらけだった。女性を幸せにするには、やはり、きちんとした経済的裏付けがないと、と私をはじめ多くの男は思っていた。女性の方は、〝そんなものはなくたっていいのよ。どうにかなるわ、愛さえあれば〟と訴えたいのかもしれないが、男としては、女性に毎日の食費の心配をさせるのは耐えられないことだった。自らの将来、能力などについても自信はないから、「俺と結婚してくれ」とは言えず、うじうじしたままでいて、女性の方に身を引かれてしまうのである。

　当時の二十代の若者にとって、社会に出るということと自由ということは完全に相反するものだった。社会へ出るとは、これまで謳歌《おうか》してきた自由を捨てるということだった。長い髪を切り、恋愛を切り捨て、夢を捨て、学生運動をしていた者は思想も切り捨てる。そうやって現実に立ち向かうということだった。男にとっても、二十二歳は自分史の大きな曲がり角だった。

　同じ時代を通ってきた男たちは、誰もが似たような経験をしているのではないか。天衣無縫、傍若無人の女房などは「どのボーイフレンドもあなたよりずっと素敵だった」などと思い出を美化し陶酔しているが、多くの男は繊細で弱く、癒えない青春の傷を胸の奥に抱えている。『22才の別れ』が永遠の名曲として心に沁みる所以《ゆえん》である。

なごり雪

作詞・作曲：伊勢正三

汽車を待つ君の横で僕は
時計を気にしてる
季節はずれの雪が降ってる
「東京で見る雪はこれが最後ね」と
さみしそうに君がつぶやく
なごり雪も降るときを知り
ふざけすぎた季節のあとで
今春が来て君はきれいになった
去年よりずっときれいになった

動き始めた汽車の窓に
顔をつけて
君は何か言おうとしている
君のくちびるが
「さようなら」と動くことが

こわくて下を向いてた
時がゆけば幼い君も
大人になると気づかないまま
今春が来て君はきれいになった
去年よりずっときれいになった

君が去ったホームにのこり
落ちてはとける雪を見ていた
今春が来て君はきれいになった
去年よりずっときれいになった

誰しも経験する「あの時、もう一歩踏み込んでいたら」

『なごり雪』は、昭和四十九年にフォークグループのかぐや姫が発表した曲である。かぐや姫は、リーダーの南こうせつと伊勢正三、山田パンダの三人組で、『なごり雪』は伊勢正三が作詞・作曲した。

実は発表された当時、私はこの曲を聴いていない。昭和四十七年から三年間、アメリカのミシガン大学とコロラド大学で教えていたからだ。この間に日本ではたくさんの名曲が生まれた。帰国してから『なごり雪』を聴いて「こんなにすごい曲が日本で出ていたのか」と思った。「かぐや姫」は『なごり雪』を歌って、翌年四月に解散してしまった。

かぐや姫が解散したその年の十一月に、イルカが早くもこの歌をカバーして大ヒットした。だから、今『なごり雪』はイルカの持ち歌のようになっている。

以前一度、何かの機会に、イルカと会って話をしたことがある。その時、私は彼女に「車のステレオで『なごり雪』をよく聴いています。すると『なごり雪』が発表され、十年ほど経ってから生まれた中学生と高校生の息子たちが、いい曲だねと言うんです」と言った。するとイルカは、「若い人がそう言ってくれるのはとてもうれしい」と喜んでいた。

『なごり雪』は、フォークソングの名曲中の名曲だ。歌詞が抜群にいい。まず最初の五行で、男性が駅で彼女を見送るシーン、ということがすぐに映像として頭に浮かぶ。しかも、〈東京で見る雪はこれが最後ね〉というのだから、おそらく彼女は故郷へ帰り就職か結婚してしまうのだろう。そして〈季節はずれの雪が降ってる〉のだから、季節は三月だろう。この五行には、駅という字も、彼女という字も、見送るという字も、故郷という字も、三月という文字も、書かれていない。それでも、この五行でストーリーが全部伝わる。

見事だ。

〝駅での別れ〟は、日本の歌謡曲の伝統的手法といってよい。戦時中の昭和十四年には『夜のプラットホーム』という歌が作られた。出征する彼を「立派に死んで帰ってきて」と口で言いながら、「何が何でも私の元に帰ってきて」と心で叫びつつ見送る、涙なしには歌えない歌である。はじめ淡谷のり子が、のちに二葉あき子が、歌曲として歌い上げていた。

帝国海軍には「海軍小唄」という水兵の歌があった。

〈汽車の窓から手をにぎり　送ってくれた人よりも
ホームの陰で泣いていた　可愛いあの娘《こ》が忘られぬ
トコズンドコ　ズンドコ〉

ズンドコ節ともいわれ、私も小学生の頃に歌っていたから、誰でも知っていた歌だ。のちに小林旭やドリフターズがカバーしたり、替え歌を歌ったりした。

昭和三十一年には、三橋美智也が『哀愁列車』をヒットさせた。これも恋人との別れの歌で、〈惚れていながらゆく俺に〉とか〈未練心につまずいて　落《お》す《と》涙の哀愁列車〉と、いかにも歌謡曲らしい表現がちりばめられていた。

別れの刹那に愛に気づく

これに対し『なごり雪』は、歌曲や歌謡曲に見られる激情とは違った、フォークソングらしい「しみじみ」がある。イルカの朴訥《ぼくとつ》とした素朴な調子が、一層「しみじみ」を深めている。二番の詞に〈時がゆけば幼い君も　大人になると気づかないまま〉というところがある。これは、彼女が高校を卒業して地方から東京に出てきた、十八歳ぐらいの頃からずっと付き合っていたということを想像させる。そのころ彼女はまだ少女のおもかげを残していた。それがいつの間にか、大人になってきれいになっている。

〈ふざけすぎた季節のあとで〉は、ふたりの関係が真剣な恋ではなく、恋人と友だちの間ぐらいということを暗示している。ところが、いざ駅頭で別れる時になって、失うものの大きさを初めて知り、本当は愛していたことに気づく。かけがえのない人だったことにやっと気がつく。三番では、彼女が去ったホームに残って〈落ちてはとける雪を見ていた〉。愛していたのに、もう永遠に会えないのだと知り、落ちてとける雪のように涙を流している。ロマンティックな情景を、直接的でなく、控え目な表現で紡《つむ》ぎ上げている。

私にも、ちょっとこの歌に似た不思議な経験がある。大学院生だった頃、何度かデートしただけで、恋人と呼べるような間柄ではない女友達がいた。湘南《しょうなん》に住む彼女の下宿に遊びに行き、夜になって帰る時、雨が降り始めた。傘を持っていなかった私は、彼女と相合い傘で駅まで行き、改札口でさよならをした。最終電車だったのか、車内はがらがらの状態だった。

電車が動きだした途端、私はなぜか、もう永遠に彼女に会うことがないという予感に囚《とら》われた。いたたまれず席から立ち上がった私は、ドアのところで、帰り道をたどる彼女の姿が見えないかと必死に目を凝らした。駅を出てすぐの踏切で、黄色いレインコートの彼女は傘もささずに電車を見上げていた。私と同じ気持ちだったのだろうか。私は両手を大きく振り彼女も大きく振った。なぜか突然に涙が滝のように流れ落ちた。恋人でもないのに、もう永遠に会えないかもしれない、と思った瞬間に、ほんとは愛していた、という感情がほとばしり圧倒されたのだ。数年前に彼女が亡くなった、と最近人づてに聞いた。

井伏鱒二は「サヨナラだけが人生だ」と言った。原典の漢詩に「人生足別離」（人生に別れは多い）とあるのを、井伏がこのような超訳をしたのだ。この言葉にすべての日本人が強く魅かれるのは、「もののあわれ」の別表現だからと思う。「別れ」は日本人の心の中枢に刺さるのだ。だからこそ、『なごり雪』は多くの人の胸に深く響く名曲となっている。

赤い靴のタンゴ

作詞：西條八十《さいじょうやそ》　作曲：古賀政男《こがまさお》

一
誰がはかせた　赤い靴よ
涙知らない　乙女なのに
はいた夜から　切なく芽生えた

恋のこころ
窓の月さえ　嘆きをさそう

二
何故に燃えたつ　赤い靴よ
君を想うて　踊るタンゴ
旅ははてなく　山越え野越えて
踊る肩に
春はミモザの　花もにおう

三
運命《さだめ》かなしい　赤い靴よ
道は二筋　君は一人
飾り紐《ひも》さえ　涙でちぎれて
さらばさらば

日本の伝統的な、切なくやるせない本来の歌謡曲

『赤い靴のタンゴ』は、私の中学生の頃からの「恋人」、奈良光枝《ならみつえ》さんが昭和二十五年に歌った曲である。大正十二年生まれの彼女と私は二十歳の差があるが、愛に年齢は関係ない。西條八十と古賀政男のコンビは『サーカスの唄』や『誰か故郷を想わざる』を作ったが、この曲はアンデルセン童話を原作とするイギリス映画『赤い靴』に想を得て作った曲である。

この映画を私は見たことがある。ロンドンのバレエ団に入団した才能あるバレリーナの少女が主人公で、少女は若い作曲家に恋をするのだが、少女をバレエ団の花形にしたい団長は、少女に恋を捨てバレエ一筋となるよう迫る。苦しさに耐えかねた少女は、ついにバルコニーから身を投げてしまう。血まみれで横たわる彼女に作曲家が駆けつけると、少女は「赤い靴（バレエシューズ）を脱がせて」と頼んで息絶える……。死に面して、少女はきっぱりと恋人を選んだのであった。

歌詞の中に〈道は二筋　君は一人〉とあるのは、恋人とバレエのどっちをとるか。どちらもとりたいのに、ひとつしか選べないということである。一番の歌詞に〈切なく芽生えた　恋のこころ〉とあるが、「恋心」でなく「恋のこころ」とした表現が素晴らしい。

この曲を初めて聴いた中学生の私は、奈良光枝さんが訴えるようなやさしい声で歌うので、彼女が私に対して恋心を抱いていると確信した。三番の〈飾り紐さえ〉というところを彼女が歌うと、高音がかすれてすすり泣くように聞こえ、思わず私も目をうるませ、心の中でじっと彼女を抱きしめた。その後、高校生になって初めて彼女の姿をテレビで見たが、この世のものとは思えないやさしさと美しさと気品に仰天した。歌謡史上最高の佳人であった。私の視力を疑う人は、ユーチューブで「赤い靴のタンゴ」と引けばすぐに納得するはずである。

昭和二十五年、日本はまだアメリカの占領下にあった。戦争直後の日本はＧＨＱ（連合国軍総司令部）に完全に支配され、言論の自由さえ奪われていた。手紙の検閲までされていた。中央気象台の単なる課長補佐にすぎない父への手紙さえ、ＧＨＱの雇った数千名の日本人により開封され、読まれていた。開封部にセロテープが貼られていたからすぐに分かった。ＧＨＱは日本人を洗脳しようと、報道や教育をアメリカに都合のよいよう操作した。新聞、映画、放送、出版などを事前検閲した。自由のチャンピオンを自負するアメリカが、言論の自由を完全に圧殺したのだった。「太平洋戦争は日本が一方的に悪かった」との洗脳に励んだのである。原爆二発を無辜《むこ》の市民の上に落としたという人類史上最大の罪を少しでも正当化したかったのである。

日本の旧来の文化、歌舞伎や浪曲や講談などもすべて制限した。日本の文化や伝統は劣悪で、そのために野蛮な戦争に走った、という論理である。こうして日本人が自国に対する自信や誇りを持てないように仕組んだ。日本が二度と立ち上がってアメリカに刃向かわないようにしたのである。これを六年間の占領期間に徹底的にやった。この洗脳から覚めない自虐史観の日本人が未《いま》だに多くいるほど徹底的だった。

歌謡曲の世界では、『憧れのハワイ航路』とか『東京ブギウギ』とかアメリカ礼賛の曲やアメリカ由来のリズムが流行って、私も子どもの頃、何も分からないままよく歌っていた。その間、日本の伝統的な、切なくやるせない本来の歌謡曲というものはほとんど作られていなかった。

ところが、昭和二十五年に朝鮮戦争が始まると、アメリカの施策が一変した。一切の軍事力は持ってはいけないとしていたのが、警察予備隊（自衛隊の前身）を持たせた。日本を、東西冷戦の前線基地にしようという思惑が働いていた。アメリカはトランプ前大統領だけでなく、歴史上、常にアメリカ・ファーストなのである。米軍の締め付けが弱くなったことから、歌謡曲の世界でも、本来の日本人の持っている切ないやるせない美しい歌が自ずと出てくるようになった。『赤い靴のタンゴ』もそのひとつだった。

大学院を出るまで彼女がいなかった私は、彼女いない歴二十数年の間、奈良光枝さんを一途《いちず》に愛していた。それ以降も、亡くなって四十七年経った今も、彼女を愛している。彼女の故郷であり、彼女が静かに眠る青森県弘前は私の聖地である。

彼女は唇を汚していない

彼女はその美貌ゆえに映画女優としても活躍し、私も彼女の出演した『或《あ》る夜の接吻《せっぷん》』という映画を見た。共演者と接吻する場面が話題となっていたが、私は、彼女は私以外の男と絶対に接吻などしないと信じていた。実際に映画を見たら、キスシーンでちょっとカメラの角度が変わり肝心のところがよく見えなかった。男女は絶対に唇をつけていない。キスするような格好のままカメラの角度を変えているが、唇は一cmか二cm離している。奈良光枝さんは唇を汚すような人ではないのだ。

彼女は昭和五十二年五月十四日、五十三歳で亡くなった。まさに佳人薄命である。私がアメリカから帰ってきて二年目だった。新聞報道で午後一時より青山斎場で葬儀があると知って最期のお別れに行きたいと思ったが、その日のその時間、ちょうど東京大学での授業が入っていた。何十年も愛してきた奈良光枝さんとの最期のお別れに行くべきか、公務としての授業をすべきか、思い悩んで父に相談した。言下に「公務優先に決まっている」だった。

父は自分に厳しくて他人にやさしい人だった。母は反対に自分に甘くて他人に厳しい人だった。私は母に似ている。父は気象庁の技術者として富士山気象レーダー設置の陣頭指揮をした人だから、公務の重責が人一倍体に沁みついていたのだろう。我が家で、父の言葉は最終決定だった。私は愛する人の葬式にも行けなかったのである。私の青春はこの時、終わった。手許にあるのは、何枚かの彼女のレコードとCD、母がNHKテレビに出演した際にたまたま化粧室で一緒になった奈良さんからいただいたサインだけである。母が「アメリカの大学で教えている数学者の息子が大ファンです」と言ったら、「あら、若い男性のファンがいるなんてうれしいわ」と微笑んで書いてくれたものだ。「藤原正彦さん江　奈良光枝」とある。宝物だ。

亡くなった半年後、三十四歳の私は偶然、一回り下の女房に出会った。奈良光枝さんによく似ていた。気が動転して、生まれ変わりかと思い、すぐにプロポーズした。大きな過ちだった。似ていたのは容姿だけだった。そもそもけしからんことに奈良光枝さんを知らなかった。三十四歳の私の若気の過ちだった。二十二歳だった女房は「人生最大の過ち」と今も悔やんでいる。

今でも『赤い靴のタンゴ』を聴くと、人生で一番長い間恋をしていた人、互いに愛し合っていた奈良光枝さんを、そして我が青春を思い出して、胸が熱くなる。没後十年ほど経った頃、弘前《ひろさき》にある彼女の墓を訪れ、愛しながら葬式にも行かなかった非礼を詫びた。

ふれあい

作詞：山川啓介　作曲：いずみたく

悲しみに　出会うたび

あの人を　思い出す
こんな時　そばにいて
肩を抱いて　ほしいと
なぐさめも　涙もいらないさ
ぬくもりが　ほしいだけ
ひとはみな　一人では
生きてゆけない　ものだから

空しさに　悩む日は
あの人を　誘いたい
ひと言も　語らずに
おなじ歌　歌おうと
何気ない　心のふれあいが
幸せを　連れてくる
ひとはみな　一人では

生きてゆけない　ものだから
何気ない　心のふれあいが
幸せを　連れてくる
ひとはみな　一人では
生きてゆけない　ものだから
生きてゆけない　ものだから

幸せの絶頂にあっても〝心の寂しさ〟は埋まらない

昭和五十四年の秋口のことだっただろうか。春に挙式をしていたから、まだ半年。新婚ホヤホヤだった。お茶の水女子大学の助教授だった私は、毎朝、家を出る時は、玄関ではなく縁側から出て、庭の芝生を横断し、木戸から道へ出ていた。独身の頃からの習慣であった。

その日も縁側から庭へ出た。縁側に立って見送る、まだ可愛かった頃の女房に軽くキスをすると、「じゃあ行ってくるよ」と颯爽《さっそう》と歩き始めた。

と、ラジオから流れてきた曲が耳に入り、足が止まった。あまりにもいい曲だったので、芝生の真ん中で立ち止まり、じっと聴き入ってしまった。私はそのまま踵《きびす》を返すと縁側に戻り、そこに立ったまま、その歌を最後まで聴いた。中村雅俊の『ふれあい』だった。

中村雅俊の低く素朴な声が、そして歌詞が胸に沁みた。私のような美声ではないが、何ともいえない味わいがある。

女房に聞くと、数年前のヒット曲だという。式を挙げたのが一九七九年のことだから、五年前といえば、私がアメリカにいた頃だ。こんな素晴らしい曲を聴きそびれていたのかと、しばし唖然《あぜん》としたことを覚えている。一九七二年から三年間、アメリカに留学していたため、かぐや姫の『神田川』(一九七三年)やイルカの『なごり雪』(一九七五年)などの名曲を聴き逃していたが、この三年間に出た名曲は多く、今もその空白の大きさをしばしば感ずる。

私は、『ふれあい』を耳にした刹那《せつな》、「昔の恋人が私のことを想っている」と感じたのだった。悲しみに出会うたび、そばにいて肩を抱いてほしい、というのだから、主人公は明らかに女性であり、別れた男を思い出している。その女性こそが私の昔の彼女であり、この歌は、彼女の私への切ない気持ちを歌っている。そう確信した。

私以外のすべての人は妄想と言うだろう。が、私はそう確信したのである。この世は苦しいことと悲しいことばかりだから、妄想でも何でもよいから、楽観的に生きるしかないのだ。母は幼い頃から妄想に浮かれていた私を、「極楽トンボ」と呼んでいた。私は歌を聞き終えてから、「僕だって、ずっと君の肩を抱いていてあげたい」と心の中で密《ひそ》かに強く、つぶやいた。

機内で繰り返し聴く

この歌の出だしがいい。

〈悲しみに　出会うたび
あの人を　思い出す
こんな時　そばにいて
肩を抱いて　ほしいと〉

次に続く、

〈なぐさめも　涙もいらないさ
ぬくもりが　ほしいだけ〉

一転して男言葉である。

「肩を抱いてほしい」という昔の恋人に対し、「なぐさめも涙もいらないさ、ぬくもりがほしいだけ」と答える男。

「言葉はいらない」そのかわり、「ぬくもり」がほしいという。

心を通わすのは、言葉だけではない。互いの肉体でふれあい、一緒に歌を歌おう。この歌の「哲学」がここにある。

サビがまたいい。

〈ひとはみな　一人では

生きてゆけない　ものだから〉

物理的なパートナーが必要、といっているのではない。胸の寂しさを埋めてくれる存在がなければ、人は生きてゆけない、ということである。

恋女房との新婚という幸せの絶頂の中で、なお寂しさを抱えていたというのは不思議だ。きっと人は誰しも、どんな時であっても、常に何かしらの寂しさを抱え込んでいるのだろう。この寂しさは、「人はみな一定時間後に朽ち果てる」という逃れられない宿命から来るのであろう。AIが絶対に持てないものだ。この情緒を持つことで、辛うじて人はAIの上位にいるのである。寂しさを埋めてくれるものは人により異なるのだろうが、私の場合はしばしば、「思い出」とか「懐かしさ」である。

数年前、女房とヨーロッパを旅行した。その帰りの飛行機、オーディオサービスの中に、何とこの『ふれあい』があった。

久しぶりに聴いてみた。やはりいい。

これを何と、三時間近く繰り返し聴いた。隣の席の古女房が、「何を熱心に聴いているの?」と途中で尋ねてきた。映画好きの女房は「新作がただで観られる」と、片っ端から観ている最中だった。「昔の恋人のことを思い出し、身につまされている」とも言えず、私は「よく、くだらない映画を次々に観られるな」と切り返した。その夜は、そのまましっとりとした気持ちのまま寝てしまった。

なぜ新婚の時ばかりか、今でも忘れられないのか。おそらく私の愛情はこんこんと湧く泉のように豊かなのだ。一〇人くらいを同時に愛するだけの能力もあるし、無尽蔵の魅力もある。残念なのは誰もそれに気づいてくれないことである。というわけで私のそばにいてくれるのは、この四十五年間、忍耐強い東北人の古女房ばかりである。

踊子

作詞：喜志邦三《きしくにぞう》　作曲：渡久地政信《とくちまさのぶ》

さよならも　言えず
泣いている　私の踊子よ

……ああ　船が出る
天城峠《あまぎ》で　会《お》うた日は
絵のように　あでやかな
袖《そで》が雨に　濡れていた
赤い袖に　白い雨……

月のきれいな　伊豆の宿
紅いろの　灯《ともしび》に
かざす扇　舞いすがた
細い指の　なつかしさ……

さよならも　言えず
泣いている　私の踊子よ
……ああ　船が出る

下田《しもだ》街道　海を見て
目をあげた　前髪の
小さな櫛《くし》も　忘られぬ
伊豆の旅よ
さようなら……

さよならも言えずに泣いてくれる人を探し求めて

私が学生の頃の大相撲は、柏戸《かしわど》・大鵬《たいほう》の「柏鵬《はくほう》時代」だった。千秋楽では、しばしばこの両雄が優勝を争った。

高校生の頃、テレビで三浦洸一《みうらこういち》が歌うのを家族で観ていた。『踊子』だったか、『東京の人』だったか。藤山一郎たちより一回り若い彼がいつもの直立不動、端正な立ち姿で歌っていた。東洋音楽学校（現・東京音楽大学）声楽科の出だけあって、歌い方も端正である。

私がこの時、「あっ、柏戸だ」と叫んだ。あまりにも似ていたのだ。皆が笑った。普段は謹厳な父・新田次郎がツボにはまったのか、いつまでも笑い続けたのでこちらがびっくりした。

三浦洸一といえば、何といっても『踊子』である。昭和三十二年のヒット曲で、作詞は『春の唄』で知られる詩人の喜志邦三、作曲は『上海帰りのリル』の渡久地政信である。川端康成の短編小説『伊豆の踊子』を題材にしている。

小説の主人公は、二十歳の一高生の〈私〉。〈私〉は、天城峠から下田に向かって、〈一つの期待に胸をときめかして道を急いでいる〉。旅芸人一座の若い踊子に、もう一度会えないかという淡い恋だった。

〈天城峠で　会うた日は
絵のように　あでやかな
袖が雨に　濡れていた
赤い袖に　白い雨……〉

小説の世界を切り出したような美しい情景である。

赤い袖に白い雨、という色の対比が素晴らしい。雨には本来色がないのだが、美的感受性の鋭い日本人はそこに色を見た。歌川広重は、浮世絵「名所江戸百景　大はしあたけの夕立」で、墨田川に架かる新大橋（両国橋）に降り注ぐ夕立と、雨を逃れるように橋を渡る人々を描いた。夕立を黒い直線で描いた。これにはフランスの印象派の人々が感嘆し、ゴッホが真似をしたりと、ジャポニズムのうねりにつながっていった。

作詞の喜志邦三は詩集を何冊も出している詩人だ。「赤い袖に　白い雨」という、美しくも抒情的な殺し文句は面目躍如たるものがある。『伊豆の踊子』はそもそも「対比」がモチーフにある。エリート中のエリートである一高生と、温泉宿の人間からも蔑《さげす》まれる旅芸人の、若い〈踊子〉との切ない恋だ。

昭和八年の田中絹代に始まり、美空ひばり（昭和二十九年）、鰐淵晴子《わにぶちはるこ》（昭和三十五年）、古永小百合（昭和三十八年）、内藤洋子（昭和四十二年）、山口百恵（昭和四十九年）……と次々に映画化されたのも、成就せぬ淡い恋に、日本人の多くが共感したからだろう。

私も高橋英樹の水もしたたるような美男ぶりと、吉永小百合の可憐《かれん》さが瞼に焼き付いている。

三十年ほど前に、天城峠を少しだけ歩いたことがある。うるさい女房や、うるさいだけの三人息子と一緒だったので、少しもロマンチックではなかったが、「踊子と一高生は、このつづら折りを歩いたんだな」と、ひとりで感慨にふけっていた。

旅のアバンチュール

『踊子』は、私にとって青春を思い出させる歌だ。

大学から大学院にかけて、私は阿修羅のごとく数学に没頭していた。本も読まない、友だちもいない、無論彼女もいない。二十四時間数学だけの毎日である。研究が行きづまると、家の雰囲気が悪いから、都会の空気が汚染されているから、山も海も見えないから、などと環境に責任をなすりつけて旅に出た。自らの無能を責めていたら、前に進めなくなるから仕方ない。旅先でひとり静かに、数学の問題に向き合うためである。

詩人・高村光太郎と智恵子との思い出の地である九十九里浜（千葉県）。志賀直哉が好んで通った蒲郡温泉ホテル（愛知県）。島崎藤村の『椰子の実』（「名も知らぬ　遠き島より　流

れ寄る　椰子の実一つ」……）の舞台となった伊良湖岬と、文学の香りのする町を、あちこち訪れては一週間ほど滞在した。

旅に出る時はいつも、〈さよならも　言えず　泣いている〉ような女性に会いたいという密かな願望があった。日本のどこかにきっと、そんな女性がいるに違いない。

「川端より俺の方が女にもてそうだし」とも思った。

ところが世界の女性の目が一様に狂っているのか、私の前にそういう女性が一向に現れない。

伊豆の温泉で川端は踊子に会ったが、大学四年の私が一人旅の白骨温泉《しらほね》（長野県）で会ったのは、どやどやと私の浴槽に入ってきた一〇人ほどからなる地元老人クラブのおばあさん達だった。混浴だったのだ。皆で私を見て、

「色白のえれえキレイな肌だなえ」

などと方言でしゃべっている。

出られなくなった私は、のぼせて貧血を起こし、脱衣室に駆け込むや半時間ほどよしずの床に青い顔で寝っ転がっていた。

今でも旅に出る前は女房に、

「今度こそ美しい踊子にめぐり会いはげしい恋に落ちるからな、覚悟しとけ！」

と宣言する。女房は必ず、

「健闘を祈るわ、頑張ってね」

と言う。

私が「じゃあね」と玄関を出る時、女房はさよならも言えず泣くどころか、なぜかうれしそうに微笑む。

どうやら、さよならも言えず泣いてくれるような女性は川端の時代までで、戦後にはすっかり消えてしまったらしい。

青い背広で

作詞：佐藤惣之助《さとうそうのすけ》　作曲：古賀政男

一

青い背広で　心も軽く
街へあの娘《こ》と　行こうじゃないか
紅《あか》い椿で　瞳も濡れる
若い僕等の　生命《いのち》の春よ

二

お茶を飲んでも
ニュースを見ても
純なあの娘は　仏蘭西《フランス》人形
夢を見るよな　泣きたいような
長いまつげの　可愛い乙女

三

今夜言おうか　打明けようか

いっそこのまま　諦めましょか
甘い夜風が　とろりと吹いて
月も青春　泣きたい心

四
駅で別れて　一人になって
あとは僕らの　自由な天地
涙ぐみつつ　朗《ほが》らに唄う
愛と恋との　一夜《ひとよ》の哀歌

竹久夢二の描く女性を求めて、青い背広で街をさまよう

昭和一ケタの時代に、歌謡曲の全盛を担うレコード会社が林立した。昭和二年にビクター、ポリドール、五年にキング、九年にテイチクが生まれた。歌謡曲が黄金時代を迎えたの

には、詩の美しさもあった。戦前の歌謡曲のほとんどは、一流の詩人により作詞されていたのである。ここ半世紀の歌謡曲の作詞に詩人がほとんど参加していないのと対照的である。『青い背広で』は、作詞が『赤城の子守歌』や『湖畔の宿』の詩人・佐藤惣之助で、作曲は古賀政男だった。藤山一郎が昭和十二年に歌い、ヒット曲となった。

藤山一郎は当時、テノールの美声に加えオールバックの美男子でもあるが、その上、東京音楽学校（現・東京藝術大学）出の秀才でもあった。

彼は在学中、退学の危機に陥った。せっかく本名の増永丈夫を隠し、藤山一郎という芸名を使っていたのに、古賀政男の出世曲でもある『酒は涙か溜息《ためいき》か』『丘を越えて』（ともに昭和六年）が大ヒットしたため、校則で禁止されていた副業が学校にバレてしまったのだ。

才能を惜しんだ教授たちが、処分をどうにか撤回しようと奔走した。「学業が優秀なこと」そして「親孝行」がその理由だった。藤山一郎は稼いだ金を、すべて母親に渡していたのだ。もともと藤山一郎は、お金持ちのお坊ちゃんだったのだが、昭和恐慌で家業が潰れてしまった。レコードを吹き込んだのは、家計を助けるためだった。結局、彼は学長裁断で退学処分を免れ、一カ月の停学ですまされた。親孝行が、退学のピンチを救う、という古きよき時代だった。

私にとってこの歌は、特別な一曲である。

〈青い背広で　心も軽く
街へあの娘と　行こうじゃないか〉

高校時代、サッカー部の猛者として硬派でならしてきた私は「女なんか関心ない」という風を装っていたが、女の子と街を歩くことは密かな憧れだった。大学に入った時、この曲を耳にして、「さぁ、青い背広で女の子と街を闊歩《かっぽ》して、青春を謳歌するんだ」と思った。「青い背広」に憧れた理由は、もうひとつあった。

イタリアの作家デ・アミーチスの作品で、『クオーレ』という児童文学がある。エンリコ少年の学校生活を綴ったもので、この中に出てくる先生の毎月の講話には、『母をたずねて三千里』とか、『難破船』などがある。子どもたちに正義、勇気、親孝行、惻隠など、武士道精神とほぼ同じものの尊さを伝え、統一されたばかりのイタリアの少年少女に祖国愛を植え付けようとした本で、私が小学校時代に、最も大きな影響を受けた本でもある。

『クオーレ』に、デロッシという金髪の優等生が出てくる。成績優秀で容姿端麗、おまけに性格もよく皆から尊敬されている。デロッシはいつも、金ボタンの青い背広を身につけていて、美しい金髪を風になびかせて微笑んでいる。私はデロッシに憧れ、デロッシのようになりたいと、いつも思っていた。

デロッシと藤山一郎の『青い背広で』が、胸の中で見事に結びついていた私は、大学入学と同時に、思い切って母にねだり青い背広を買ってもらった。青い背広がないと、私の青春は始まらないと確信したからだ。金ボタンとまではいかず、銀メッキのボタンだったが……。

〈夢を見るよな　泣きたいような
長いまつげの　可愛い乙女〉

歌の中の泣きたいような表情をした乙女とは、私にとって、竹久夢二が描く女性だった。当時の私は、なぜか陽気で明朗快活な女性より、憂愁を帯びた暗い陰のある女性に強く惹かれていたのである。

青い背広を着て街行けば、そんな女性と出会えるんじゃないか。胸が躍った。

ところが、青い背広で地元の吉祥寺を歩いても、渋谷や新宿を歩いても、誰も私のことなど見てくれず、声も掛けてくれない。世の中は私の存在を完全に忘れて、粛々と動いていた。

心動かされる女性に出会っても、

〈今夜言おうか　打明けようか
いっそこのまま　諦めましょか〉

で終わった。

夜、「明日こそ告白するぞ」と覚悟を決めても、朝にはその勇気がしぼんでいた。十年後のアメリカでは、プレイボーイとしてならすことになったが、当時の私は、というより生まれてからその時までずっと、片思いの専門家であって、恋に焦がれる割には女性に話し掛ける度胸もなく、ひとり悶々《もんもん》としていた。

大学二年の後半から専門課程となり、数学に死に物狂いとなってはじめて、青春期の悶々から解放された。

藤山一郎と母

私がこの歌を知ったのは、母・藤原ていの鼻歌が最初だった。

自他ともに認める音痴の母であり、滅多に歌を歌わないのだが、『青い背広で』は時折歌っていた。藤山一郎のファンだった。

テレビの歌番組で藤山一郎が『青い背広で』を歌い始めると、母と一緒に唱和した。その時の母の柔和な表情が忘れられない。

母がＮＨＫの番組に出た折、エレベーターで藤山一郎と一緒になったことがあった。何とエレベーターの中で、藤山一郎が『青い背広で』をハミングしていたらしい。帰宅した母の興奮は普通ではなかった。夕食の席で、

「今日、藤山一郎と会ったの！　小声で〝青い背広で心も軽く〟と歌っていたのよ！　本当に素敵」

そして、母は余計なひと言を付け加えた。

「お父さんなんかよりずっと素敵なんだから」

父は明らかに嫌な顔をすると、ボソッとつぶやいた。

「なんであいつと比べるんだ」

美男美声で颯爽としたシティボーイの藤山一郎に、武骨な田舎者の父が敵《かな》うはずもなかった。

月の浜辺

作詞：島田芳文　作曲：古賀政男

一
月影白き　波の上
ただひとり聞く　調べ
告げよ　千鳥
姿いずこ　かの人

ああ　悩ましの　夏の夜
こころなの　別れ

二
月早やかげり　風立ちぬ
われすすり泣く　浜辺
語れ　風よ
姿いずこ　かの人
ああ　狂おしの　夏の夜
永遠《とこしえ》の　別れ

三
月とわに落ち　波立ちぬ
胸あやしくも　乱る
かえれ　心

姿いずこ　かの人
ああ　さびしやの　夏の夜
ひとり泣く　浜辺

破れた恋の歌に、安野光雅先生との思い出が重なる

画家の安野光雅《あんのみつまさ》氏が三年ほど前のクリスマスイブに亡くなった。九十四歳だった。「絵本のノーベル賞」とも呼ばれる「国際アンデルセン賞」を受賞したことでも知られる。

私は安野先生の教え子である。私が小学校四年生の時に、山口師範学校（現・山口大学）を出て間もない先生は、図画工作の教師として武蔵野市立第四小学校に赴任してきた。

私が最も大切にしてきた、美的感受性、ユーモア、数学などはどれも、安野先生により種を蒔《ま》かれたものだ。

安野先生の授業は、図工の範囲を大きく超えていた。先生の十八番《おはこ》は「二等兵物語」だった。十八歳で召集を受けた先生は、二等兵として上陸用舟艇《しゅうてい》の隠し場所の建設に従事され

たという。その時の話をユーモアたっぷりに語ってくれるのである。戦争という悲惨な体験なのだが、チャップリンの映画と同様、そこには笑いとペーソス（哀愁）があった。

五年生の時、安野先生が進学適性検査（今の共通テスト）の数学の問題を私たちに出題した。

太郎と次郎が一〇〇m競走をした。太郎がゴールした時、次郎は九〇mの地点にいた。そこで今度は、太郎がスタートラインの一〇m後ろからスタートした。太郎と次郎、どちらが勝ったか。

あちこちから「太郎だよ」「次郎じゃない」「同時かも」などの声が出たが、先生は黙って微笑んでいた。しばらくして私が「太郎が一m勝つ」と言った。「どうしてだ」「だって次郎のスピードは太郎の九割でしょ。だから太郎が一一〇m走ってゴールした時、次郎は九九mしか走れず、ゴールの一m手前だからだよ」。先生は大げさに褒めてくれた。数学に面白さを見いだした瞬間だった。

安野先生は情緒の人でもあった。私たちに、島崎藤村《しまざきとうそん》の『千曲川《ちくまがわ》旅情の歌』を黒板に書き、最後の一行を指しながら「歌哀し佐久の草笛、どうだ君たち、いいだろう、胸がキュンとしないか」などと言った。そういう先生だった。

ＮＨＫＦＭラジオの番組に『日曜喫茶室』というトーク番組があった。マスターのはかま満緒《みつお》さんを中心に、ウェイトレスの女性、常連客、ゲストが語り合う番組である。

三十代半ばの頃、私はこの番組にゲストとして呼ばれた。処女作の『若き数学者のアメリカ』が出て話題となった頃だった。

先生が常連客を務めていて、自分の教え子である私を招《よ》んでくれたのだった。お目にかかるのは小学校卒業以来だったので、「四小ではお世話になりました」と言ったら、うれしそうな照れ臭そうな顔をされた。

私はリクエスト曲として『月の浜辺』を選んだ。安野先生は、「藤原くんに、そんな趣味があったのか」と驚かれた。ガキ大将でならした私が、そして論理のかたまりである数学をしている私が、まさかそんな歌を挙げるとは、思っていなかったのだろう。

夏の終わりとともに

昭和を代表する作曲家の古賀政男は、昭和六年、日本コロムビア専属となり、その入社第一作が、島田芳文とのコンビによる『月の浜辺』と『キャンプ小唄』であった。続いてふたりは『丘を越えて』など次々とヒットを飛ばした。

昭和六年は満州事変の勃発した年でもある。『月の浜辺』は、そんな世の動きを先取りしたかのような、もの悲しいメロディで、東京音楽学校（現・東京芸大）出身の河原喜久恵《かわはらきくえ》が美しいソプラノで歌った。

『月の浜辺』の主人公は、若い女性である。

月の照らす浜辺で、女性は別れた人を思っている。

〈姿いずこ　かの人〉

姿の見えない〈かの人〉とは、愛しながら別れた男性のことであろう。

〈ああ　悩ましの　夏の夜〉

聞くだけでこちらまで悩ましくなる。

二番で女性は泣き始める。歌詞は二番が素晴らしい、というのは私の持論である。

〈われすすり泣く　浜辺〉

夏の日の恋は終わった。夏の初めに生まれた恋が、夏の終わりとともにはかなくも終わってしまったのである。まさに〈狂おしの　夏の夜〉である。

私はこの歌を、中高生の頃、親に内緒で聴いていた。この歌は堂々と聴いてはいけない歌、ということに気づいていたからだ。

〈胸あやしくも　乱る〉

どこか、イヤらしい。生を享《う》けて以降、清純無垢純情可憐を続けてきた十代の私の、眠っていた妄想をかき立てるに充分な詩だった。

何人もの歌手がカバーしたが、やはり最初に歌った河原喜久恵の歌が一番いい。高音のソプラノの響きが何とも言えない。

母が買い物に出かけている間に、応接間のステレオでこっそり聴くのが常だったが、ある時、忘れ物をした母が急に家に戻ってきた。母は、罪悪感と羞恥《しゆうち》心で消え入りそうだった私への思いやりからか、忘れ物を取ると応接間には顔を出さず、廊下から、

「何聴いてるの？　変わった子ねえ」

と言っただけで再び出ていった。

以来、この歌はトラウマ曲となった。他人に「好きな曲」とさえ言えなくなった。女房にすら言えない。

浜辺ですすり泣く女の歌が好みとあっては、「変態！」と蔑まれるに決まっているからだ。

封印していた曲を、『日曜喫茶室』という公の席でリクエストしたのも、安野先生という

味方がいるという思いがあったからだろう。

情緒深い安野先生だから、「こんな歌が好きなところはオレによく似てるな」と喜んでくれるのでは、と思ったのかもしれない。先生は実際、うれしそうだった。そして聴いたあと、「なにぶん古いレコードなので、雨音のようなザーッという雑音が入っていてすまなかった」と言った。「いえ、私はこの雨の音が、昔が滲んでいるようで大好きなんです」と答えたら、先生は納得したように笑った。

私は今でも、こっそり『月の浜辺』を聴いている。この歌には母、そして安野先生の思い出が包まれている。

おんな船頭唄

作詞：藤間哲郎　作曲：山口俊郎

一

嬉《うれ》しがらせて　泣かせて消えた
憎いあの夜の　旅の風
思い出すさえ　ざんざら真菰《まこも》
鳴るなうつろな　この胸に

二
所詮《しょせん》かなわぬ　えにしの恋が
なぜにこうまで　身を責める
呼んでみたとて　はるかな灯り
濡れた水棹《みさお》が　手に重い

三
利根で生まれて　十三七つ
月よあたしも　同じ齢《とし》
かわいそうなは　孤児《みなしご》同士

妄想の中で恋は成就し、愛は永遠に続く

初めて聴いたのは母方の祖父母の家だったと思う。村の拡声器から割れたような音で流れてきたのが、三橋美智也の『おんな船頭唄』だった。作詞は『お別れ公衆電話』の藤間哲郎、作曲は『佐渡おけさ』で知られる山口俊郎である。昭和三十年代初めだから、私が小学生から中学生になる頃である。

三橋美智也は、九歳で地元・北海道の全道民謡コンクールで優勝したという民謡の天才で、民謡で鍛えた張りのある高音が、『おんな船頭唄』によく合っていた。

祖父母の家は、中央本線茅野駅から一二㎞ほど山に入った八ヶ岳の西麓にあった。全部で一〇〇軒ほどの小さな部落だった。小さな商店と蹄鉄《ていてつ》屋が一軒ずつあるほかは、すべて農家であった。そこからさらに五〇〇ｍほど登ると、三〇軒ほどの部落がある。三橋美智也の最初の奥さんは、その部落の出身ということだった。

〈嬉しがらせて　泣かせて消えた〉

と言われても小学生の私には何のことか分からなかった。いくつかの言葉は意味さえとれなかった。

〈思い出すさえ　ざんざら真菰
鳴るなうつろな　この胸に〉

真菰は、沼地に群生するイネに似た植物で成長すると人の背ほどになる。その真菰が風に吹かれて、ざんざら――ざわざわ音を立てているのだ。意味はとれなくとも、郷愁を帯びたもの哀しい調べは私の心に沁みた。

三番の歌詞に、不思議な言い回しがある。

〈利根で生まれて　十三七つ
月よあたしも　同じ齢〉

この意味が分かったのは随分あとになってからだった。

〈十三七つ〉は、二十＝十三＋七ということで〈月よあたしも　同じ齢〉とは、この女性が二十歳で、月が十三夜の七つ時、ということらしい。七つ時とは、夕方の四時。月の昇る頃だ。十三夜は十五夜と並んで美しいといわれる、満月になる少し前の月である。自分も、成熟した女性の一歩手前、二十歳のうら若き女船頭ということだ。

月を見上げ、〈かわいそうなは　孤児同士〉とつぶやく。

いつもひとりぼっちで空に浮かぶ月を、みなし子である自分と重ね合わせ、かわいそうな〈孤児同士〉と見立てたのである。

Aさんへの輪ゴム

私は「孤児《みなしご》」という言葉に弱い。昭和十八年生まれの私には小学校時代から、クラスには戦争で父親を亡くした子が、いつも二、三人はいた。両親から、こういった子への惻隠をくり返し植え付けられたし、みなし子の物語をいくつも読んで涙を流していた。それ以来、みなし子と聞いた途端に、涙腺が緩む。

高校の頃、密かに思いを寄せるAさんがいた。名簿に父親の名はなかった。

ふっくらとしていて、どことなく気品のある人だった。笑顔が素敵なのだが、表情に父親のいない淋《さび》しさからか、陰影が漂っていた。気品、陰影……「いつも明るく品のない藤原くん」の私にはないもので、憧れているものでもあった。

声を掛けることなど無論できない。ある昼食時間、何とはなしに前方に放った輪ゴムは、Aさんの頭を飛び越し、何と彼女の弁当の蓋《ふた》に飛び込んだ。もしかしたら彼女の注意を引こうとして、そちらに放ったのかもしれない。ハッとしていたら、Aさんは振り向きもせず、黙って輪ゴムを指で拾って横においた。奥ゆかしい所作に私は、恥ずかしさで真っ赤になったまま謝ることすら忘れていた。

別の昼休み、私は仲間と、教室の後ろで雑談にふけっていた。何の会話をしていたか覚えていないが、私が、

「そんなの、どうせうれしがらせて泣かせて消えることになるよ」

と言った時だった。前を向いて弁当を広げていたAさんが、小刻みに肩をふるわせながら前方に屈《かが》んだのである。私たちの会話に耳を傾けていた彼女が、私の台詞《せりふ》に吹き出しそうになり思わず口を押さえたのだった。

Aさんは、私たちの会話に耳を傾けていた。いや、私の言葉にだ。私に恋心を持っていたからに違いない。だからこそ私の台詞に肩をふるわせ笑ったのだ。私とAさんの心は完全に通じ合っている！

女房によると「いつもの気持ち悪い妄想」だが、私の「想像力」は空高く羽ばたいた。これ以降、両親の健在だった私も片親のAさんも、ともに孤児となった。〈かわいそうな孤児同士〉だ。不幸を背負った二人は今後手を取り合い、互いを愛し支え合って生きていくのだ。そう思ったのである。

今や私は、四十数年ほど前に父、数年前に母を亡くしたので、正真正銘の孤児である。Aさんもきっと孤児だろう。今こそふたりは、〈かわいそうな孤児同士〉だ。機は熟した。憂いを秘めたAさんの黒い瞳は、いまも輝いているに違いない。

「輪ゴムを飛ばしたのは僕なんだ。本当は好きだったんだ。今でも折にふれ思い出している」。そう言わずには死ねないと、六十歳を過ぎてからせっせと同窓会に顔を出している。Aさんには会えていない。いい思い出は続いている。

月の沙漠

作詞：加藤まさを　作曲：佐々木すぐる

月の沙漠をはるばると
旅の駱駝《らくだ》がゆきました
金と銀との鞍《くら》置いて
二つならんでゆきました

金の鞍には銀の甕《かめ》
銀の鞍には金の甕
二つの甕はそれぞれに
紐《ひも》で結んでありました

さきの鞍には王子様
あとの鞍にはお姫様
乗った二人はおそろいの
白い上着を着てました

広い沙漠をひとすじに
二人はどこへゆくのでしょう
朧《おぼろ》にけぶる月の夜《よ》を
対《つい》の駱駝はとぼとぼと

沙丘《さきゅう》を越えて行きました
黙って越えて行きました

絵のような情景が浮かび、十代の純情に回帰する

『月の沙漠』は大正十二年、『少女倶楽部』に発表された。作者は画家で詩人の加藤まさをで、絵と詩の組み合わせの作品だった。自ら描いた抒情画《じょじょうが》に、自ら詠んだ抒情詩を添えてひとつの作品とする、というスタイルがその頃、流行っていた。竹久夢二や蕗谷虹児《ふきやこうじ》、加藤まさを、高畠華宵《たかばたけかしょう》といった人たちが、その代表的作者だった。

この詩に曲がつけられ、昭和二年になってＮＨＫラジオで歌として発表された。作曲は『お山の杉の子』でも知られる佐々木すぐるで、歌ったのは柳井はるみという歌手だった。馴染みのない歌手名だが、実は『マロニエの木陰』の松島詩子で、デビュー当時は出身地の山口県柳井にちなんで柳井はるみという芸名で歌っていたのである。『マロニエの木陰』は私が大好きな曲で、中央自動車道の勝沼あたりでこれに聞き惚れていたら、速度オーバーで山梨県警のパトカーに捕まった。たった三十四㎞オーバーで捕まえるとは仕事熱心すぎる。

私が初めて聴いた『月の沙漠』は、この柳井はるみの歌ではなく、戦後の昭和二十年代の、童謡歌手川田正子《かわだまさこ》や「うたのおばさん」安西愛子のものであった。名曲だから、その後

もいろいろな人がカバーしている。とりわけ私が好きなのは、倍賞千恵子の『月の沙漠』だ。彼女は高音で哀愁を帯びるのがいい。テノールもソプラノも、高音で哀愁を帯びるかどうかが歌手の命だと、私は常日頃思っている。

この歌の特徴は、とにかくもの悲しいことだろう。短調で始まる〈月の沙漠を〜〉という冒頭の一節だけで、もの悲しさがあふれ、引き続く甘美なメロディとともに幻想的でロマンに満ちた詩世界が眼前に現出してくる。

この曲を初めて聴いた小学生の頃から私は、何もないアラビアの砂漠を、月の光に照らされながら、白いマントを着た王子さまとお姫さまを乗せた二頭の駱駝がとぼとぼと進んでいく姿を目に浮かべていた。餓鬼《がき》大将の私が、絵のような情景を思い浮かべ、とろけるような気持ちで聴いていた。

中学生の頃からは、いつの間にか王子さまは私で、お姫さまは私が密かに慕う女子に置きかわっていた。小学生の頃は女子と普通に話せた私が、中学校二年の頃から、まったく話せなくなった。女子に対して興味過剰のうえ、自意識も過剰だったのだ。その結果、何と中学二年から高校三年までの五年間で、女子と一対一で話したのは合計十分にもならなかった。密かに思いを寄せる人はいつもいたのだが。そんな純真無垢、というか意気地なしだった私は、この歌をしばしば夜寝る前の布団の中で口ずさんだ。口ずさみながら心を安らかにして眠りについた。密かに慕う女の子と二人だけで、月の光に照らされながらアラビアの砂漠を、黙ったまま駱駝に乗り砂丘を超えていく。その情景を繰り返し思い浮かべ、心を安んじて寝た。

私の十代の恋は『月の沙漠』の中にしかなかった。これに比べれば、一回り下の女房などは、下駄箱には付文《つけぶみ》がしばしば入っていて、男子とのデートも普通にしていたというから、ほとんど「不良」だ。

愛は通じ合っていた

大学生になっても、あまり変わらなかった。本格的な数学の勉強が始まってデートどころではなかった。数学科は一学年一八人が全員男性で、上の学年にも下の学年にも女性はいなかった。大学院でも、私はひたすら数学だった。布団の中で時折この歌を口ずさんだ。「とぼとぼと」と「黙って」という表現が、胸に迫った。燃えるような想いを口にできず、ただ黙って、互いを思いやりながら駱駝でとぼとぼと進んでいく。

〈二人はどこへゆくのでしょう〉も胸に響いた。この広大な宇宙の中を、愛する人とふたりだけで月に照らされながら永遠に歩み続ける。どこかの目的地に急ぐのではない。幸せに満たされながら、黙って歩み続ける。愛する人は具体的にはいなかったのだから「恋に恋していた」のだ。こんな世界に生きていた、そんなロマンティックで抒情的だった私が、二十代末に渡米するや男が爆発し、オリエンタル・プレイボーイとなったのだから不思議である。

十数年前、東北で講演をした。私の講演の前に、由紀さおりと安田祥子《やすださちこ》の姉妹が歌を歌った。私もこっそり客席で聴いた。『月の沙漠』を歌ってくれた。長らく『月の沙漠』を歌うことはなかったから、久しぶりで感動した。

歌ったあとに由紀さんが私の楽屋を訪ねてきてくれた。私はうれしくて「子どもの頃からファンでした」と言った。彼女は昔、安田章子《あきこ》という名前で童謡歌手として活躍していた。彼女も「私も先生のファンですのよ」と、やさしい声で返してくれた。「ああ、やっぱり愛は通じ合っていたんだ」と感じ入り、思わず彼女の手を握り握手した。本当はそのままふたりで駱駝に乗ってどこかへ行ってしまいたい気分だった。大人の分別でぐっとこらえつつ、私は歳をとってもまだまだ思春期なんだなと思った。『月の沙漠』とは、聴くだけで私を十代の純情に回帰させてくれる、魔力を持つ歌である。

秋桜

作詞・作曲：さだまさし

一
淡紅《うすべに》の秋桜《コスモス》が秋の日の
何気ない陽溜《ひだま》りに揺れている
此頃《このごろ》涙脆《もろ》くなった母が
庭先でひとつ咳《せき》をする

縁側でアルバムを開いては
私の幼い日の思い出を
何度も同じ話くりかえす

独言《ひとりごと》みたいに小さな声で

こんな小春日和《こはるびより》の穏やかな日は
あなたの優しさが浸みて来る
明日《あした》嫁ぐ私に苦労はしても
笑い話に時が変えるよ
心配いらないと笑った

二
あれこれと思い出をたどったら
いつの日もひとりではなかったと
今更《いまさら》乍《なが》ら我儘《わがまま》な私に
唇かんでいます

明日への荷造りに手を借りて

しばらくは楽し気にいたけれど
突然涙こぼし元気でと
何度も何度もくりかえす母

ありがとうの言葉をかみしめながら
生きてみます私なりに
こんな小春日和の穏やかな日は
もう少しあなたの子供で
いさせてください

嫁ぐ日の悲しみに「もののあわれ」が重なる

山口百恵が歌手デビューした昭和四十八年、私は研究員としてミシガン大学に招かれアメリカにいた。大学で同級生だった日本人数学者が、日本で開かれた学会に出席しアメリカへ戻った時、「藤原、日本では〝中三トリオ〟というのが流行っているんだよ」と笑って言った。山口百恵、森昌子、桜田淳子の三人がアイドル歌手として大人気という。私は、女子中学生にうつつを抜かしているとは日本人も落ちぶれたもの、と思いつつ彼の話を聞いていた。

昭和五十年、アメリカでの研究教育を終え日本に戻ると、まもなくテレビで彼女たちを見た。町ですれ違っても気づかないような、普通の女の子だった。

三人の中で、私はずば抜けて歌のうまい森昌子が好きだった。それに森昌子が〈おさない私が　胸こがし　慕いつづけた　ひとの名は　せんせい　せんせい　それはせんせい〉と歌うと、先生になったばかりの私は自分が純情乙女に告白されているような気分になったのだ。ただ、中三トリオの曲からひとつ選べといったら、断然『秋桜』を選ぶ。昭和五十二年、山口百恵が十八歳の時に歌った曲だ。

昭和五十二年というと、私が盛んにお見合いをしていた時期だった。最初の相手は、初めてのデートの日の夜、東京駅で別れる時、「世の中にどうしてこんなに素敵な方がいるのかしら」と私を見上げながら言ってくれた。私も「白百合のような人」と好感を抱いた。結婚に至らなかった。私がアメリカに残した金髪の恋人を忘れられず、三カ月くらいグズグズしていたら、「女の子には時間があるから」と、間に入っていた人が破談にしてしまったのである。

「正彦など女性にもてっこない」と固く信ずる両親のすすめで、お見合いを続けたが、初回の「引き分け」のあとは四連敗だった。そんな頃に聴いたのがこの『秋桜』だった。シンガーソングライターのさだまさしが、十八歳の山口百恵のために作った曲である。

歌詞の最初の八行は、長いつぶやきみたいなものだ。もともと私は、さだまさしの曲はあまり好きではなかった。歌詞が散文的で、理屈っぽい感じがしたからだ。俳句や和歌もそうだが、理屈が忍びこむと興ざめしてしまう。『秋桜』の最初の八行も平凡でつまらない。

ところが、その八行を、山口百恵が重苦しい声で感情を抑制しながら歌ったあとの、次の五行がいい。いきなり〈こんな小春日和の穏やかな日は〉と転調して感情がぐっと盛り上がり、〈明日嫁ぐ私に〉につながっていく。一気に音階の高まるところを、山口百恵も情感をこめて美しく歌い上げた。十八歳の百恵が、嫁いでいく女の気持ちをよくぞこれほどまでに表現できるものだ、と感嘆せざるを得ない。そして、次の八行でまた高まった感情が抑えられ、くすぶり続け、最後の五行で爆発する。全体が非常にうまい構図でできているし、とくに最後の〈もう少しあなたの子供でいさせてください〉という表現は素晴らしい。

嫁ぐ日というのは、世界中、喜びの日だが、日本では喜びが七分で悲しみが三分だろう。例えば、娘の結婚式で日本の父親はたいてい泣いている。日本の歌や文学の根底にはいつも

「もののあわれ」がある。日本は、「もののあわれ」の国なのだ。そして、『秋桜』は育った家を出て嫁に行く、という祝い事の陰にある寂しさに見事に焦点を合わせている。日本の伝統、「もののあわれ」を継いでいるから、私はこの歌が好きなのだろう。

　女房はこの歌が世に出た翌年の昭和五十三年に母親を亡くし、その翌年、私の巧言令色に騙され結婚した。女房は「もう少しあなたの子供でいさせてください」と言う機会を逸したまま結婚した。私は一引き分け四連敗のあとだから、「ああ、やっと結婚できる、うまくいった」と思い有頂天だったが、女房はどことなく暗い顔をしていた。

　そんな女房に対し不満を募らせた私は、「結婚を前になぜ暗い顔をしてるんだ」となじったこともあった。嫁入り前に母親としみじみした時間を過ごすことのできなかった女房の気持ちを、その頃の私は汲《く》むことさえできなかったのだ。結婚して四十年、今もこの歌を聴くたびに自分の不甲斐なさと女房への申し訳なさが重しのようにのしかかる。

　この歌を聴くと、八年前に亡くなった母のことも思い出す。亡くなる少し前、満開の桜並木の中を、車椅子を押して母と歩いた。ちょうど桜の花が散り始めていて、母の髪や顔に花びらがかかっていた。認知症の出ていた母はそれを振り払うでもなく、じっとしていた。そんな光景を思い出すと、つい涙ぐんでしまう。男の私だって、もっと母の子どもでいたかったのだ。

第五章

情緒の核心は「懐かしさ」

紅葉《もみじ》

作詞：高野辰之《たかのたつゆき》　作曲：岡野貞一《おかのていいち》

一

秋の夕日に
照る山紅葉
濃いも薄いも
数ある中に
松をいろどる
楓《かえで》や蔦《つた》は
山のふもとの
裾模様《すそもよう》

二
渓《たに》の流《ながれ》に
散り浮く紅葉
波にゆられて
離れて寄って
赤や黄色の
色様々に
水の上にも
織る錦《にしき》

美しいもみじの、最後の輝きに共感を覚える

『紅葉』は、明治四十四年に文部省が編纂した『尋常小学唱歌』の二年生の部に収録された

楽曲である。同書には各学年二〇曲、計一二〇曲が収録されている。『紅葉』の作詞は信州北部、中野市出身の国文学者・高野辰之、作曲は東京音楽学校教授の岡野貞一で、このふたりは他にも『故郷《ふるさと》』『春が来た』『春の小川』『朧月夜《おぼろづきよ》』など、たくさんの文部省唱歌を作っている。

一番で〈秋の夕日に照る山紅葉〉と山の景色を遠景としてとらえ、二番では〈渓の流に散り浮く紅葉〉と、近景として渓流、すなわち川の景色を歌っている。もみじの色を〈濃いも薄いも〉と描写し、落葉が波の上で揺られるさまを〈離れて寄って〉と表現するなど、対比の使い方が実に巧みである。

何よりこの歌で特徴的なのは、文語の美しさが際立っているということだ。文語というのは日本人の大発明である。たとえば〈山のふもとの裾模様〉という一行は文語の典型的な言い切りで、現代口語に直せば、山の麓《ふもと》に広がる様子はまるで着物の裾の模様のようだ、などとくどくど書くことになる。説明調となり情緒が失われてしまう。二番の〈水の上にも織る錦〉も同様で、実にコンパクトな詩的表現である。

口語文は世界のどこにでもあるが、文語は日本人がつくり出した芸術性の高い優れた表現様式だ。明治中期に森鷗外《もりおうがい》が書き評判となった『即興詩人』の原作は、童話作家として成功する前のアンデルセンの作品だが、英語で読むと三文小説にすぎない。翻訳者の鷗外が格調ある文語体で表現したことで、一気に高い芸術性を有する文学作品に昇華された。文語の威力である。

漢語がふんだんに使われているため、素養のない私は読むのに一週間もかかったが、大いに感激した。唱歌を通して、小学校二年生の頃から、優れた文語表現に触れることのできた当時の子どもたちは、幸せだったと思う。

歌の表題となった「もみじ」という言葉は、日本的な曖昧《あいまい》さを含んだ言葉だ。三つの意味を持っている。ひとつは樹木の種類としての「楓」の意味。二番目は楓が赤く染まって紅葉したさま。三番目は、落葉広葉樹の山や森が秋を迎えて全体的に色づいている様子である。「もみじ狩り」に出かけようという時は、この三番目の意味となる。

日本人は万葉集の頃からもみじ狩りをしていたようだ。百人一首に「奥山に紅葉《もみぢ》踏み分け鳴く鹿の声聞く時ぞ秋は悲しき」という歌がある。私はアメリカに三年、イギリスに一年住んでいたが、もみじ狩りに行く人は誰一人いなかった。欧米人がもみじ狩りに出かけないのは、日本人のような繊細な美的感受性を持ち合わせていないためか、と当初は思っていた。ところがある時、蓼科にある私の山荘にケンブリッジ大学での同僚でフィールズ賞受賞者のアラン・ベイカー教授が泊まりにきた。ちょうど十月だったので蓼科の紅葉を見せにいったら、「欧米の紅葉とはまったく違う、何と美しい」と驚嘆した。向こうの紅葉の葉はもっと大きく厚ぼったくて、日本のものほど鮮やかな赤にならないという。

神々に愛でられた国

欧米には落葉広葉樹の種類が少ない。植物学者によると、日本には二六種類の落葉広葉樹があるのに対し、欧米には一三種類しかないらしい。日本の国土は、ヨーロッパや北米のように氷河期に氷河に襲われなかったため、植生が豊かで木や花の種類が極端に多いそうだ。加えて日本には明快な四季がある。そのため、非常に美しい紅葉に恵まれることとなった。

三十年ほど前、ベラルーシの科学アカデミーでの講演ののち、招《よ》んでくれた教授から秋の山に誘われた。もみじ狩りと期待したが、樹木の種類が少ないためか、色合いが黄色一色という単調さで落胆した。教授もきのこ狩りにしか興味がなかった。

数年前、紅葉の名所として知られる京都の永観堂《えいかんどう》を訪れた際、たまたまオーストラリア人夫妻と会話になった。彼らは、「母国ではもみじ狩りなんてしたことがなかったが、日本に来てその素晴らしさがわかった」と言った。その年の永観堂のもみじはいつにもまして豪華で、私も息を呑《の》むほどだった。感激を隠さないまま、夫妻は「日本は神々に愛《め》でられた国ですね」と語った。地震、津波、噴火、台風、洪水など、天災ばかりが続く不運な国に生まれ、命のはかなさに打ちひしがれてきたけれど、神々に愛でられた国でもあるんだ、と初めて思った。

私は若い頃、もみじよりも桜の花が好きだった。あでやかな華やかさの中に、生命を謳歌するような力強さを感じていた。それが年齢を重ねるとともに、次第にもみじの方を好むようになった。死を目前にした最後の輝きに共感を覚えるのだ。最近は「もみじ狂い」と言っていいほどの紅葉好きで、十月中旬にまず山荘のある蓼科に紅葉を見に行き、十一月半ばには井《い》の頭《かしら》公園の紅葉を毎日のごとく愛で、十一月の下旬には京都を訪れ、紅葉の名所をめぐる。こうして年に少なくとも三回は紅葉を楽しむ。

楽しみにしている紅葉だが、問題もある。女房が写真を撮りたがることだ。紅葉を背景にして立つ女房の姿を私が撮影すると、すぐにチェックして「何コレ、隅にゴミ箱が写ってるじゃない」とか「私が首から上だけになっている。これじゃあさらし首よ」などと文句をつけ撮り直させる。女房が私を撮る時は「その紅葉の枝に手を伸ばして」「向こうから来る男女が通り過ぎるまで待って」などと小うるさいことを言う。美しい紅葉を眼前にしながら、私はハイチーズに忙しく、しみじみと「もののあわれ」に感じ入る暇がないのである。

夕日は落ちて

作詞：久保田宵二《くぼたしょうじ》　作曲：江口夜詩

一
荒野《あれの》の涯《はて》に　日は落ちて
遥《はる》かまたたく　一つ星
故郷《ふるさと》棄《す》てた　旅ゆえに
いとしの黒馬《あお》よ　さみしかろ

二

七つの丘も　越えたれど
湖《うみ》のほとりも　さまよえど
朝霧夜霧　暮の鐘
やさしきものは　風ばかり

三

夕日は落ちて　たそがれを
今日もとぼとぼ　旅烏《たびがらす》
恋しき君よ　思い出よ
いつの日幸福《さち》は　めぐるやら

四

名もなき花も　青春《はる》を知り
山の小鳥も　歌を知る
何ゆえ悲し　人の子は

荒野の涯の　雲を見る

五
休めよ黒馬《あお》よ　今しばし
月が出たとて　匂うとて
恋しの人が　待つじゃなし
頼むはせめて　そちひとり

「人の子」の一語に宿る、根源的な悲しみが胸を刺す

昭和七年三月に満州国を成立させ、五月には海軍急進派の青年将校らが決起し、犬養毅《いぬかいつよし》首相を暗殺（五・一五事件）、昭和十一年には陸軍の青年将校らによる二・二六事件と、軍部の横暴が続いていた。五年後の昭和十二年には、中国側の挑発により盧溝橋《ろこうきょう》事件が起き、日本はとうとう何の大義もなく、したくもなかった日中戦争にのめりこんでいく。

『夕日は落ちて』は、そんな暗い世相の真っ只中、『山寺の和尚さん』を作詞した詩人の久保田宵二と『急げ幌馬車』の江口夜詩の作曲により、昭和十年にヒットした。『急げ幌馬車』同様、満州（現・中国東北部）の荒野を旅するさすらいの心を歌った曲である。

満州国は、清朝最後の皇帝の愛新覚羅溥儀を皇帝とし、日・朝・満・蒙・漢の五つの民族が仲良く暮らす「五族協和」を謳《うた》っていたが、実態は傀儡政権で日本の軍部や官僚が実権を握っていた。それでも満州に移り住んだ一般の日本人たちは、そんなからくりとは関わりなく、新天地での生活と理想の国づくりのため、一生懸命取り組んでいた。開拓団の多くは信州や東北の貧しい村からの移住者で、必死になって荒れ野を開墾した。荒涼とした満州では馬に乗って移動することも多かった。

一番の歌詞に〈故郷棄てた　旅ゆえに〉とあるように、皆がふるさとを捨てたつもりで満州に渡っていた。馬だけが自分の友達であり、〈いとしの黒馬よさみしかろ〉と呼びかけたくなるような、孤独と寂寥《せきりょう》を感じていた。移住者の中には、大陸浪人といって、「日本でウダツがあがらないから、向こうで一旗揚げよう」という野心家もいたが、胸の内に孤愁を抱えているのは同じだった。

この曲を歌ったのは、美男の松平晃と美女の豆千代《まめちよ》である。松平は『サーカスの唄』『急げ幌馬車』そしてこの『夕日は落ちて』と、悲しい歌ばかり歌ったが、自身も薄幸の人だった。親友の歌手の楠木繁夫《くすのきしげお》は自殺し、松平自身もいろいろな女性との愛に傷つき、自殺未遂をした末に、四十九歳の若さで亡くなった。悲運を予知していたかのごとき、沈んだ歌声であった。

豆千代は包丁や刀で有名な岐阜県の関《せき》の出身で、子どもの頃から三味線、琴、長唄、日本舞踊など芸事を仕込まれて育った、根っからの芸妓《げいぎ》だった。一番を松平が歌って、二番を豆千代が歌い、三番は松平、四番は豆千代と交互に歌って、最後はふたりで一緒に歌う。

私が最も好きなのは四番の歌詞である。とくに〈何ゆえ悲し　人の子は　荒野の涯の　雲を見る〉という一節は、聴くたびに涙ぐんでしまう。野の花も春がくれば美しく咲いて青春を謳歌する。山の小鳥も楽しげに歌う。それなのに、何故《なにゆえ》に人の子だけはかくも悲しいのだろうか。そんな思いで荒野の彼方の雲を見つめる。すべての人間は有限の時間を生き、やがて逃れようもない死を迎える。

人間として生まれた根源的な悲しみを、この一節は見事に表現している。作詞は久保田宵二だが、よくぞこんな情緒に満ちた詞を書いたものだと思う。

六十歳の頃まで、私がこの歌に注目することはあまりなかった。定年退職したら、愛人を連れてエーゲ海クルーズ、妾を連れてカリブ海クルーズなどと血湧き肉躍る日々を密かに夢見ていた。ところがいつの間に、『夕日は落ちて』に涙している。ある程度年齢が進まないと、胸の奥底からこみ上げるこの歌の良さは分からないのだろう。

嫌なことを全部忘れられる

若い頃、自分は自分ひとりで大きくなったような気でいた。それが年齢とともに、自分など母から生まれ、深い愛情で生かされ、育まれ、家族や友達や先生にどうにか支えられ、やがてすべての人と同じように死んでいくただの人間、ということが、身に沁みてわかってくる。歌詞にある「人の子」という一語がいかに深く人間というものを表しているか、胸を刺すような感銘を受けるのである。

戦後、松平晃が亡くなったあと、豆千代と岡本敦郎《あつお》がこの曲を歌った。岡本敦郎の全盛期で、これがまた素晴らしい。ユーチューブで見る映像では、一番を豆千代が歌い、もとの四番の歌詞を岡本は二番としてクラシック仕込みの美しい声で歌い上げている。豆千代は当時六十歳ぐらいだが、さすが当代一の芸者、匂い立つような色気は衰えておらず、甘えるような風情で小首を傾げながら歌う。それを受けて岡本はいよいよ熱唱する。
私は、聴くだけでなく、よく歌う。豆千代と一緒に心をこめてこの歌を歌っていると、何回目かに必ず女房の「うるさーい」が耳にこだまする。私より一回り下の女房には、この歌の良さがまだ分からないらしい。豆千代の色気にうっとりしている私を見て、「バッカみたい」などとも言う。明治生まれの豆千代にやきもちを焼いているのかもしれない。

それでも私は寝る前に、四番だけを繰り返し歌って心の中で泣いている。これで、その日にあった嫌なことはみな忘れられる。女房にどんなに嫌味を言われようと、縄文時代から百姓の私は、日本の情緒にまみれて生き、そしてその中でくたばるのだ。

毬藻《まりも》の唄

作詞：岩瀬ひろし　作曲：八洲秀章《やしまひであき》

一

水面《みずも》をわたる
風さみし
阿寒《あかん》の山の　湖に
浮かぶマリモよ
なに思う
マリモよマリモ
緑のマリモ

二

晴れれば浮かぶ
水の上
曇れば沈む　水の底
恋は悲しと
嘆きあう
マリモよマリモ

涙のマリモ

三
アイヌの村に
いまもなお
悲しくのこる　ロマンスを
歌うマリモの
影さみし
マリモよマリモ
緑のマリモ

阿寒湖の遊覧船から流れたメロディに、心洗われる

この歌は、雑誌『平凡』の歌詞募集で一等になった岩瀬ひろしの『毬藻の唄』に、『さく

ら貝の歌』で知られる北海道出身の八洲秀章が曲を付け、北海道出身の安藤まり子が歌い、昭和二十八年にヒットしたものである。

十年ほど前、北海道の網走《あばしり》で講演を頼まれた。珍しく女房が「一緒に行きたい」という。これまでを反省し、心を入れ替えるため監獄にでも入りたいのかと思ったら、どうやら世界遺産となった知床《しれとこ》を見たいらしい。それに日本百名山の一つ、羅臼岳《らうすだけ》も見たいし、羅臼神社の宮司《ぐうじ》をしている小学校時代の旧友にも久しぶりに会いたいという。

網走のあとは、釧路《くしろ》での講演を予定していた。レンタカーを借りた私たちは、観光船から知床半島のオホーツク海岸にたわむれる熊を眺めたり、羅臼神社で宮司さんと歓談したりしてから、釧路へ入った。

釧路の講演には宮司さんも訪ねてきてくれ、翌日、親切な彼の案内で阿寒湖へ向かった。阿寒湖は、釧路市内から北に車で二時間ほどのカルデラ湖で、国の特別天然記念物マリモで有名である。

阿寒湖一周の遊覧船に乗った。十月の初めともなれば湖を吹き渡る風は冷たく、私たちは風を除《よ》けるためデッキ後方に席をとった。

東岸の雄阿寒岳《おあかんだけ》、その向かいの西岸には雌阿寒岳《めあかんだけ》がそびえ、湖岸の木々は薄《うつす》らと色づき始めていた。

遊覧船が湖上を進む間、遠慮したのだろう、宮司さんは一番後ろに離れて座っていた。平日のせいか、船の乗客はわずかで、ほとんど貸し切りである。夫婦ふたりでポツンとベンチに座りながら、私は一時間半ほどの間ずっと、拡声器から流れる曲に耳を傾けていた。

安藤まり子が歌う『毬藻の唄』が繰り返し流れていたのである。

日本の歌は二番に限る

これがヒットしたのは昭和二十八年で、十歳の時だった。ラジオで耳にした記憶はあるが、とくに注意を払ったわけでもなかった。

ところが六十年余りたって聴き、すっかり魅せられてしまった。山の湖の淋しさ、一帯にたちこめる秋の寂寥、などと共鳴し胸を打たれてしまったのである。

〽水面《みずも》をわたる　風さみし
阿寒の山の　湖に

浮かぶマリモよ　なに思う
マリモよマリモ　緑のマリモ〉

七・五、七・五、七・五、七・七である。七五調のリズムが、心地よい。

プラハ少年少女合唱団が、日本語のまま、この『毬藻の唄』を歌っているのを聴いたことがあるが、彼らも日本語の響きに感じ入っていたのだろう、天使のような合唱だった。

小学生から英語を教えるなどという愚行を一刻も早くやめ、日本語の美しい響きを感じとれる人間に育ててほしいと思うばかりだ。

『毬藻の唄』はとくに二番がいい。

これは私が見つけ出した法則だが、日本の歌は、二番に限る。ここで、ぐっと哀愁が深まるからである。

〈晴れれば浮かぶ　水の上
曇れば沈む　水の底〉

マリモを恋に重ね合わせているのだろう。恋の苦しさが伝わってくる。

〈マリモよマリモ〉

恋人に呼びかけているようだ。だが、マリモと同じように、恋人も答えてはくれない。それでも二度三度呼ぶ。呼ぶたびに、恋の苦しみと悲しみが深まる。

一番、二番、三番の最後の歌詞に着目してほしい。

〈緑のマリモ〉で恋の気持ちを呼び起こし、〈涙のマリモ〉で気持ちを高ぶらせ、最後の〈緑のマリモ〉で心を静め、余韻を残す。作詞家はそう考えたに違いない。

出だしも考え抜かれている。

冒頭の〈水面〉、通常なら「みなも」だ。ところがあえてルビを振って「みずも」と読ませている。「みなもをわたる」とすれば、当たり前の慣用句になってしまう。「みずもをわたる」とし、引っかかりを感じさせる。これも作詞家の狙いだろう。

アメリカに留学していた頃、ガールフレンドのパティに、二葉あき子の『古き花園』を歌って聞かせたことがある。これも、哀愁の歌だ。アメリカ人にも日本の情緒は通じるらしく、途中から涙ぐんでいた。

パティは私に言った。

「悲しい曲ね。でも日本人はなぜ悲しくなるために、わざわざお金を出してレコードを買うの」

「イギリス人だって、お金を出して、シェイクスピアの悲劇を見に行くよ」

と言ったのだが、よく理解できないようだった。

歴史を通して日本人は、戦争や自然災害にあっても、その都度、立ち上がってきた。辛い時こそ悲しい歌を歌い、涙を絞りきってから再び立ち上がったのだ。母も「引き揚げの時は皆で悲しい歌ばかり歌っていた」と言っていた。

『毬藻の唄』は、遊覧船に乗っている間中、循環小数のごとく、延々流れ続けた。私は感動で口もきけず、じっと聴き入っていた。

隣の古女房は、

「雌阿寒岳は日本百名山の一つだけど、雄阿寒岳は違うのよ」

などと、どうでもよいことをつぶやいていた。

いつか『毬藻の唄』に、一緒に涙ぐんでくれるような女性と、この遊覧船に乗ってみたいと思っていた。

喫茶店の片隅で

作詞：矢野亮《やのりよう》　作曲：中野忠晴《なかのただはる》

一
アカシア並木の　黄昏《たそがれ》は
淡い灯《ひ》がつく　喫茶店
いつも貴方と　逢った日の
小さな赤い　椅子二つ
モカの香りが　にじんでた

二

ふたりだまって　向き合って
聞いたショパンの　ノクターン
洩《も》れるピアノの　音《ね》につれて
つんではくずし　またつんだ
夢はいずこに　消えたやら

三

遠いあの日が　忘られず
ひとり来てみた　喫茶店
散った窓べの　紅《べに》バラが
はるかに過ぎた　想い出を
胸にしみじみ　呼ぶ今宵《こよい》

歳をとるというのは懐かしさに生きるということ

『喫茶店の片隅で』の作詞は、『リンゴ村から』や『待ちましょう』など大ヒット曲を書いた矢野亮で、作曲の方は、戦前は歌手をしていた中野忠晴である。昭和三十年に松島詩子が歌いヒットした。戦前の昭和十二年に『マロニエの木陰』を歌った、私の大好きな歌手だが、『喫茶店の片隅で』は戦争をはさんで十八年後の曲だから、いかに長く第一線で活躍したかが窺《うかが》い知れる。

松島詩子は山口県の名門、柳井高校の出身である。ハーバード大学や京都大学で教授をしたフィールズ賞受賞の数学者、広中平祐《ひろなかへいすけ》先生と同じ母校である。広島の女学校で音楽の先生をしていたが、歌手になりたくなり教師を辞職し、東京に出た。高音のきれいな人だった。

若い頃に、好きだった人とよく通った喫茶店を、懐かしむ曲である。私が大学生だった昭和四十年前後は、誰も車など持っていないし、デートというと喫茶店で会って話をするくらいしかなかった。もっとも、私はほとんど喫茶店に行かなかった。数学の勉強が忙しかったし、デートしてくれる女性も一緒にお茶を飲んでくれる女性もいなかった。世界中のどの女性も目が曇っていて、私の恐るべき魅力に気づいてくれなかったのだ。

昭和五十年前後に大学生だった女房は、ろくに勉強もせず、女友達やいやらしい男友達と喫茶店に入り浸り、他愛《たわい》ないおしゃべりに興じていたらしい。私などは、たまに友人たちと喫茶店に入っても『チボー家の人々』のジャックはどうこうとか、『罪と罰』のソーニャの愛はどうやって蘇生《そせい》されたか、というようなことを話題にしていた。作品を読んでいないと肩身が狭かった。小中高と本をよく読んだ私だったが、大学から大学院にかけては数学以外の本を一冊も読まなかった。そこで、その場は読んだふりをして適当に相槌《あいづち》を打ち、帰宅してから急いで本屋に買いに走ったりした。それらの本も読む時間がとれず、本棚に積まれることとなった。

歌の中の男女は、喫茶店で逢瀬《おうせ》を重ねたが、結局、結ばれることなく別れてしまった。歳月が過ぎたある日、懐かしさにたまらず、女性はその喫茶店をひとりで訪れ、昔をしみじみと思い出す。郷愁である。『喫茶店の片隅で』とほとんど同じテーマの曲が、この十年余り後にイギリスでヒットした。メリー・ホプキンの『悲しき天使』である。郷愁はどこの国の、誰の胸にもある感情なのだろう。

人間は若さを失うにしたがい、笑うことが少なくなる。若い時は笑ってばかりだ。何も怖くなく、前だけを見て、夢ばかり見ている。この女性は、その頃を懐かしく思い出している。歳をとるというのは、前が次第に狭まり後が広がるということだ。懐かしさに生きるということでもある。郷愁とか懐かしさという情緒を若い時にきちんと培《つちか》っておかないと、老後は淋しくなる。懐かしむという情緒だけは、若者より年寄りのほうがはるかに優れている。歳とともにどんどん鋭敏になる。死を意識すればするほど、どんどん深くなる。そうした情緒を歌っているから、この曲は私たち世代の胸に沁みるのだ。

ショパンのノクターンの抒情

この歌は松島詩子が素晴らしい高音で歌っていたが、のちに倍賞千恵子がカバーしている。倍賞千恵子というと、『男はつらいよ』におけるフーテンの寅さんの妹役というイメージが強いが、歌手としての力量もなかなかである。松島詩子が〈聞いたショパンの ノクターン〉と歌っているのに対し、倍賞千恵子は「ノクターン」を「セレナーデ」と歌っている。おそらく、「ノクターン」の「ン」が歌いづらく、「セレナーデ」のほうが歌いやすかったのだろう。ただし、ショパンは二十一曲のノクターンを作曲しているものの、セレナーデは一曲も作曲していない。

ショパンのノクターンはどれも抒情的である。十年ほど前、ショパンが恋人の作家ジョルジュ・サンドと暮らした、スペイン・マヨルカ島の修道院を訪ねた。ショパンが作曲していた部屋にはピアノも置いてあった。ポーランドのワルシャワから車で一時間ぐらい離れた村にあるショパンの生家へも足を運んだ。マヨルカ島の修道院にもポーランドの生家にも、上皇后美智子さまが訪問された時の写真が貼ってあった。なぜかうれしかった。

私たちがはるばるショパンゆかりの場所を訪ねた理由は、四歳の頃からピアノをやっている女房が、ショパンを得意中の得意としているからだ。一番から二十一番までのノクターンを、弾いて聴かせてくれる。そのせいか私もだんだんショパンが好きになり、一緒にゆかりの地を旅することになったのである。

ショパンのノクターン中で演奏が一番難しいのは十三番といわれている。私たち夫婦の仲人の小平邦彦《こだいらくにひこ》先生は、フィールズ賞をとった世界的大数学者だが、ピアノも非常にお上手だった。小平先生のお宅を夫婦で訪問した時、先生は「十三番がどうしてもうまく弾けないんですよ」とおっしゃった。すると、その場で女房が弾いてみせ、大層お褒めにあずかった。人間誰しもひとつぐらいは取り柄があるものだ。

実は、私が初めて女房のピアノを聴いたのは、デートして、鎌倉の自宅まで車で送っていった時だった。グランドピアノで弾いたのはノクターンの五番だった。あまりに美しい旋律にうっとり感動した私は、ついプロポーズしてしまった。若気の至りと言おうか、四十五年の苦渋に満ちた結婚生活の始まりだった。それほどにショパンのノクターンは、胸に沁みる抒情曲なのだ。年齢とともにより深く鋭い情緒を身につけてきた私は、『喫茶店の片隅で』を聴いて〈聞いたショパンの　ノクターン〉という一節に触れると、ほろ苦い自らの来し方をも懐かしく思い起こす。

学生街の喫茶店

作詞：山上路夫《やまがみみちお》　作曲：すぎやまこういち

一

君とよくこの店に　来たものさ

訳もなくお茶を飲み　話したよ
学生でにぎやかな　この店の
片隅で聴いていた　ボブ・ディラン
あの時の歌は聴こえない
人の姿も変わったよ
時は流れた
あの頃は愛だとは　知らないで
サヨナラも言わないで　別れたよ
君と

二

君とよくこの店に　来たものさ
訳もなくお茶を飲み　話したよ
窓の外　街路樹が美しい
ドアを開け　君が来る気がするよ

あの時は道に枯葉が
音もたてずに舞っていた
時は流れた
あの頃は愛だとは　知らないで
サヨナラも言わないで　別れたよ
君と

二度と戻ってこない「あの時」だからこそ、愛《いと》おしい

フォークグループGAROの歌う『学生街の喫茶店』が世に出たのは、一九七二年六月のことである。作詞は『世界は二人のために』『瀬戸の花嫁』などの山上路夫、作曲はザ・タイガースの『花の首飾り』などで知られる、すぎやまこういちだった。私がミシガン大学研究員として渡米したのは同じ年の八月だった。あちらで三年間ほどオリエンタル・プレイボーイとして勇名を馳せたのち、日本に帰国し、この歌を初めて耳にしたが、あまりに素晴ら

しいので驚いた。

私が大学生活を送っていたのは六〇年代の半ばだが、この当時、「喫茶店」というのは大人の入口だった。喫茶店は私にとって格式が高く、そもそもコーヒーは大人の飲み物と考えていたから、高校生の頃はそんな所に入ることすらできなかった。ようやく、薄暗い店内で友人たちと苦いコーヒーを大人ぶって我慢してすすったのは、大学一年になってからのことである。女性との一対一交際は「不良行為」として母から戒められていたから、男友達とばかりだった。初めて喫茶店に女性と入ったのは、大学院の時である。高校時代に片思いしていた女性を、死ぬつもりで誘ったのである。

〈訳もなくお茶を飲み　話したよ〉

と歌詞にあるが、私の場合は緊張しきっていて、会話というより、カバンのジッパーをひたすら上下していた。緊張を紛らわせていたのだろう。ズボンのジッパーでなかったのは幸いだった。大学院を出てからは何度も喫茶店のお世話になった。

この歌が琴線《きんせん》に響くのは、「懐かしさ」を歌い上げているからである。

〈君とよくこの店に　来たものさ〉
〈訳もなくお茶を飲み　話したよ〉

〈人の姿も変わったよ〉

語られていることはすべて、過去形である。

この歌の主人公は、社会に出て十年以上経った社会人だろう。〈あの頃〉を振り返るゆとりが生まれ、〈あの頃〉が永遠に戻らないという厳然たる事実が分かり始める世代だからこそ、懐かしさが胸に迫るのだ。

私も日米英での大学教員生活が長かったから、学生の苦悩がよくわかる。国を問わず、彼ら学生は皆、将来への漠とした不安を抱えている。自分への自信もなければ、将来に対する不安もある。にもかかわらず自らの生きる道を選択しなければならない。自ら選択した途端に重い自己責任が生ずる。これは重圧だ。教員時代、進路の相談に来ていた大学院の女子学生が、突然泣き出したこともあった。何でも選択できることは、自由なようだが、選択とはかくも苦しいものなのだ。選択は誰にとっても苦しいから、何でも独断で決めてしまうヒットラーのような独裁者が、ワイマール憲法下の民主主義ドイツで生まれたのだ。

多くの学生にとって、学生時代とは「選択の悩みを胸一杯に抱えていた時間」と同義でもある。この悩みにまみれつつ、そこから束《つか》の間でも逃れようと、喫茶店でだらだら過ごしたり、恋をしたり、青春を謳歌していたのである。

懐かしさとものあわれ

『学生街の喫茶店』は、あの頃の情けない私そのものでもある。

〈あの頃は愛だとは　知らないで
サヨナラも言わないで　別れたよ〉

「愛だとは知らないで」と言っているが、気づかないふりをしていたのかもしれない。

将来への不安を抱えた自信のない青年にとって、「告白」は一大事だ。告白して相手を当惑させ、大切な友達関係が崩れてしまったら？　そもそも相手は自分のことを単なるお茶のみ友達としか思っていないかも？

そんな不安に打ち克《か》って告白を切り出すには大変な自信と覚悟がいる。小心者の私にはそんな勇気はなかった。

女房はこの歌がヒットした七〇年代中頃、大学生で男友達と喫茶店でお茶をするのは当たり前だったという。そのせいか、近頃の同窓会でよく、男友達から「実は好きだった」と告白されて帰ってくる。時効が過ぎているから、皆何でも言うのだ。女房は「あら、全然気づかなかったわ」と言って笑っているらしい。こんな鈍感な女性がいるから、『学生街の喫茶店』の主人公は告白できなかったのだ。

私はこの歌の最後で、必ず胸が一杯になる。一番と二番の最後は、同じ歌詞だ。

〈あの頃は愛だとは　知らないで
サヨナラも言わないで　別れたよ
君と〉

一番は、「君と〜」と歌詞通りに歌って終わるのだが、二番では、「君と〜君と〜君と〜」と、「君と」が三回繰り返す。

歌っていたGAROのアレンジではないだろうか。

木霊《こだま》のように繰り返される「君と」。これがたまらない。

他の誰でもない君と。

あの時の素敵な君と。

二度と戻らない君と。

好きだと言えずに離ればなれになった「君」が何度も脳裏に浮かび、そのたびに愛《いと》しさ、懐かしさ、そして悔いが襲う。主人公にとって、「君」こそが青春なのだ。もう君が戻ってこないのと同じように、青春もまた戻ってこない。あの日々は、もう過ぎ去った。

これは青春への悔恨ではない。日本人の誰もが抱く「懐かしさ」という情緒だ。古人はこれを「もののあわれ」といった。日本人を日本人たらしめているのは、この感情だと思う。

日本人は、一定時間ののちに必ず永遠の別れが来ることを知り、そのことを慈《いつく》しんできた。

もし無限に生きられるなら、一万回彼女にふられれば、一万一回アタックすればよいだけだ。一万回入試に失敗したら、一万一回アタックするだけだ。もし「死」がこの世になかったら、懐かしさも、もののあわれも、失意も寂寥も悲哀もないだろう。これらの裏返しである幸せもないはずだ。美的感受性も消えてしまうだろう。必然的に文学も芸術も科学も消え去るに違いない。

七〇年代にはまだ、日本情緒の核心ともいえるこの「懐かしさ」が確かにあった。

月夜の浜辺

中原中也《なかはらちゅうや》

月夜の晩に、ボタンが一つ
波打際《なみうちぎわ》に、落ちてゐた。

それを拾つて、役立てようと
僕は思つたわけでもないが
なぜだかそれを捨てるに忍びず
僕はそれを、袂《たもと》に入れた。

月夜の晩に、ボタンが一つ

波打際に、落ちてゐた。

それを拾つて役立てようと
僕は思つたわけでもないが
　月に向つてそれは抛《ほう》れず
　浪《なみ》に向つてそれは抛れず
僕はそれを、袂に入れた。

月夜の晩に、拾つたボタンは
指先に沁み、心に沁みた。

月夜の晩に、拾つたボタンは
どうしてそれが、捨てられようか？

ガラクタとともに夢が

学生の頃から中原中也が好きだった。彼が生まれ育った山口県の湯田《ゆだ》温泉、亡くなる前に暮らしていた鎌倉の寿福寺《じゅふくじ》の住まい、荼毘《だび》に付された逗子《ずし》の火葬場の誠行社《せいこうしゃ》など、ゆかりの場所にも足を運んでいる。

中也は明治四十年の生まれで、父の新田次郎と五歳しか違わない。それなのに昔の人のように感じてしまうのは、中也が早世しているためだろう。中也は幼い頃から神童と言われていた。八歳の時、三つ下の弟が死んだのをきっかけに、詩を作り始めたといわれる。

二十六歳で結婚して、翌年に男の子が生まれ、文也と名づけて可愛がったが、文也は二歳の誕生日を過ぎてまもなく小児結核で亡くなってしまう。結核は当時、死亡率の高い病だった。文也の死の翌年、昭和十二年には中也自身が結核性脳膜炎にかかり三十歳で逝去した。『月夜の浜辺』は、中也の死から半年後に刊行された詩集『在りし日の歌』に収められた詩である。そのため、この詩は、中也が亡くなった文也を偲んで書いたもの、と解釈する人がいるが、私は文也が死ぬ以前に書かれた詩と確信している。

この詩は、月夜の晩にふと拾ったボタンへのしみじみとした愛しさを歌ったものだ。そんな繊細でロマンティックな感情は、子どもを失うという怒濤《どとう》のような悲しみの中では生まれ得ないものだ。月夜の晩に浜辺でふと拾った、何の役にも立たないボタンへの愛しさ、何の理由もない愛しさ、それを歌っているからこそ、この詩は素晴らしい。

ふと拾ったものを捨てられなくなる。そういう気持ちは誰にでもある。とくに男の子の場合はそうで、ポケットにいろいろなものを入れている。子どもの頃の私のポケットにも、錆びた釘《くぎ》や拾ったビー玉やきれいな石ころなどが入っていたりした。私がアメリカの大学で教えていた一九七〇年代、〝女の子のスカートにもポケットをつけろ〟という運動があった。女性が男性に比べ、社会で活躍する人が少ない原因のひとつは、女の子のスカートにポケットがないからだというのである。男の子のポケットの中には、いろいろなガラクタとともに夢が入っていて、夢を育んでいる。そのポケットが女の子のスカートにないのは男女差別ということだった。

数学者は「未練がましい」

この詩で最も印象的なのは〈指先に沁み、心に沁みた〉という一節である。〈心に沁みた〉というのは常套句《じょうとうく》だが、〈指先に沁み〉というのは非凡な表現だ。小さな指先に沁みたと表現することで、ボタンに対する愛しさが胸に迫ってくる。

「アイラブユー」という言葉でも、大声でなく小さな声でささやかなければ伝わらない。中也は天才だから、計算したわけでもなく、そうした表現が自然に出てきたのだろう。十八世紀のフランスの思想家ジャン・ジャック・ルソーは「生きるとは感ずること」という意味のことを言ったらしいが、詩人はまさに感じることで生きている。

私にとっての〝ボタン〟は何だったかと、改めて振り返ってみると、それは数学の美しい定理であったり、胸に迫った歌や詩であったり、会っただけでしびれた女性や、会っていないのに勝手にしびれた女性だったりした。この『月夜の浜辺』という詩だって、読んだ瞬間に私の拾った〝ボタン〟となったものである。小さな〝ボタン〟だけれど、それが広大な宇宙の中において、その時その場で奇跡的に自分とめぐりあった、愛しい存在なのだ。

ふと拾ったけれど捨てられなくなるというのは、その出逢いに運命を感じてしまうからだろう。ボタンに出逢ったのは運命であり、『月夜の浜辺』を偶然に読んだのも運命、あの女性と出逢ったのも運命だった。そんなふうに思うと、いよいよ捨てられなくなる。私にはそんな中原中也的な性向が多分にあるから、女房はしばしば私を「未練がましい」と言う。いつまでも昔の思い出にこだわって、捨てられないでいるだけ、と決めつける。

だが、数学者というのは本来、未練がましいものなのだ。アイルランドの大数学者ウィリアム・ハミルトンは、十九歳の時に十八歳の女性キャサリンに恋をした。男子学生との恋に陥った娘を心配したキャサリンの父親が、彼女を資産家の牧師と結婚させてしまい、若い二人の恋は悲恋に終わった。ところがこの二十六年後、四十代半ばのハミルトンは彼女と初めて会った家を訪ねている。すでに廃屋となったその家に入ると、キャサリンの立っていた場所にちょうど天窓から月の光があたっていた。ハミルトンは思わずそこにひざまずいて、床に口づけをした。

この未練がましさや情緒がないと、数学はできない。数学の論文を書くということは、世界中の天才、秀才が解けなかった難問を解くわけで、瞬間的なインスピレーションだけでは成し得ない。一年、二年、三年と、日夜頑張って考え続ける必要がある。五年、十年かけても解けず、二十年ずっと考え続けるということも稀《まれ》ではない。一つの大問題を考え続け、ほとんど何の仕事もできず一生を終えた数学者もいる。

数学者にとって、二十六年前の悲恋に執着するハミルトンの気持ちはよく分かるし、キャサリンの足下にあった床に接吻する気持ちもよく分かる。浜辺で拾ったボタンを捨てられない詩人の思いも自らのものなのだ。だから女房に「未練がましい」と軽蔑されても、「当たり前だよ」と心の中でつぶやいている。

櫻

萩原朔太郎《はぎわらさくたろう》

櫻のしたに人あまたつどひ居ぬ
なにをして遊ぶならむ。
われも櫻の木の下に立ちてみたれども

わがこころはつめたくして
花びらの散りておつるにも
涙こぼるるのみ。
いとほしや
いま春の日のまひるどき
あながちに悲しきものをみつめたる
我にしもあらぬを。

さくら

茨木のり子

ことしも生きて
さくらを見ています

ひとは生涯に
何回ぐらいさくらをみるのかしら
ものごころつくのが十歳ぐらいなら
どんなに多くても七十回ぐらい
三十回　四十回のひともざら
なんという少なさだろう
もっともっと多く見るような気がするのは
祖先の視覚も
まぎれこみ重なりあい霞《かすみ》だつせいでしょう
あでやかとも妖しとも不気味とも
捉えかねる花のいろ
さくらふぶきの下を　ふららと歩けば
一瞬
名僧のごとくにわかるのです
死こそ常態

生はいとしき蜃気楼《しんきろう》と

桜に思うは「もののあわれ」か、それとも「青春の憂愁」か

二十代の終わりに、数学で闘いを挑んでみようと、アメリカに留学した。段ボール二箱分の数学の専門書を持ち込んだのだが、三冊だけ、数学とは無関係の本をしのばせた。中原中也、室生犀星《むろうさいせい》、そして萩原朔太郎の詩集、合計三冊であった。

朔太郎の詩集をわざわざアメリカに持っていったのは、「櫻」のほかにも素晴らしい詩の多い『純情小曲集』をそばに置いておきたかったからだ。

〈櫻のしたに人あまたつどひ居ぬ〉

春、桜の下に人が集まっている。たいていの人は、賑やかで華やかなさまを想像するが、朔太郎は違った。

〈われも櫻の木の下に立ちてみたれども／わがこころはつめたくして／花びらの散りておつ

るにも涙こぼるるのみ。〉

桜の下に立ってみても、朔太郎の心は浮き立たない。心は冷えたまま、花びらが落ちる様を見ては、泪をこぼしている。

この詩について朔太郎は、「私の少年時代の作であつて、始めて詩といふものをかいたころのなつかしい思ひ出である」と『純情小曲集』自序に記した。この「櫻」は、少年期の孤独を詠ったものだったのである。青春の憂愁といったらいいだろうか。桜をともに愛で、楽しく語り合う友もいない、という孤独である。

桜の花を見て、メソメソしている子どもがいたら、サッカー部の猛者だった十代の頃の私だったら「それでも男か」と張り倒したくなったに違いない。そんな私がなぜか、二十代後半になって朔太郎少年のメソメソに共鳴してしまったのである。

古代より日本人は、桜を歌にしてきた。平安時代の代表的歌人・在原業平《ありわらのなりひら》はこう詠った。

〈世の中にたえて桜のなかりせば春の心はのどけからまし〉

この世に桜の花がなければ、どれほどのどかに春を過ごせるであろうか。桜はこの世のものと思えない華やかさで咲き、あっという間に散ってしまう。日本人は古くから、この時に「もののあわれ」をしみじみと感じさせられてきた。

ただ、朔太郎の「櫻」にある悲しみは、伝統の「もののあわれ」ではない。彼は周囲のウキウキとした明るさに、心を閉ざしている。しまい込んでいた青春の孤独が自分の中で目を覚まし、身を深く削っている。朔太郎は自身への憐憫《れんびん》の情で泣いていたのだろう。

ある時、女房に朔太郎の「櫻」を見せ、私の若い頃、この詩にいたく感動したと言った。女房は、

「あなたって、やっぱり気持ち悪い人だったのね」

と言った。続けて、

「初めて会った時から、チックばかりして気持ち悪い人と思っていたけど、やっぱりね」

と言った。

朔太郎のような気持ちになったことはないのかと聞くと、

「ないわよ。だって桜見はいつもボーイフレンドと一緒だったから」

と答えた。

桜を見るのはあと何回？

二十年ほど前、お茶の水女子大学の卒業式で、本田和子《ますこ》学長が先述した茨木のり子の詩を朗読した。

〈わたしが一番きれいだったとき／まわりの人達が沢山死んだ／工場で　海で　名もない島で／わたしはおしゃれのきっかけを落としてしまった〉（「わたしが一番きれいだったとき」）

図書館長として壇上にいた私は、不覚にも涙ぐんでしまった。それまで茨木のり子という詩人を読んでいなかったので、すぐに手に取った。

中でも気に入ったのが、この詩と並んで「さくら」だった。著者六十六歳の時の作品で、なるほどこの年齢でなくては書けない詩といえる。

〈何回ぐらいさくらをみるのかしら／ものごころつくのが十歳ぐらいなら／どんなに多くて

も七十回ぐらい〉

この感覚は四十代にはわかるまい。五十代も後半になってくると、「あと何回、桜を見られるか」という問いが、実感を持つ。

しかも、桜を多く見た気がするのは〈祖先の視覚も／まぎれこみ重なりあい霞だつせいでしょう〉という詩的な表現がよい。

〈死こそ常態／生はいとしき蜃気楼と〉と古代からの「もののあわれ」もある。この詩を読んでから、やたらに桜を観に行くようになった。家の近所の武蔵野市役所通りの桜を眺め、井の頭公園の桜を堪能してから千鳥ケ淵《ちどりがふち》へ。そのあとは京都へ向かい、一週間かけて、古刹《こさつ》の桜を味わう。京都の桜が極端に美しいのは、それがお寺の暗い色調と空の青をバックにしているからだ。ゴールデンウィークには蓼科で遅い桜を楽しむ。

中でも、最上の美しさを誇るのが、京都・醍醐《だいご》寺の桜だ。豊臣秀吉が「醍醐の花見」をした桜である。

正室に側室、その他綺麗《きれい》どころ一三〇〇人を揃えた夢のような花見の会で、男は秀吉と息子の秀頼《ひでより》、前田利家《としいえ》の三人だけだった。地上の天国である。

ところが、天国の素晴らしさを知ってしまったせいか、花見から五カ月後に秀吉は本当に天国へ行ってしまった。二の舞はゴメンと、私は醍醐の桜を見る時はいつも、正室だけを連れていく。

私も茨木のり子のように〈名僧のごとくにわかるのです〉という心境になるはずなのだが、そうならない。女房が至るところで写真を撮りたがり、「あの桜を見上げて」「鳥居の階段を一〇段昇ったところでこちらを見て」「ズボンの裾がめくれているわよ」「その桜の枝に手を触れて微笑んで」などの絶え間ない注文に応えるのに忙しいからである。

ダンスパーティーの夜

作詞：和田隆夫　作曲：林伊佐緒《はやしいさお》

一

赤いドレスが　よく似合う

君と初めて　逢ったのは
ダンスパーティーの　夜だった
踊り疲れて　ふたりで
ビルのテラスに　出てみたら
星がきれいな　夜だった

二
燃える思いを　秘めながら
そっと唇　ふれたのも
ダンスパーティーの　夜だった
甘くせつない　ブルースよ
なんにもいわずに　ほほ寄せて
ふたりいつまでも　踊ったね

三
熱い涙を　ためながら
君が別れを　告げたのも
ダンスパーティーの　夜だった
はかない夢と　あきらめて
忘れましょうと　言った君
星が冷たい　夜だった

「君は赤いドレスがよく似合っていたなあ」

『ダンスパーティーの夜』は、昭和二十五年に林伊佐緒が歌った曲で、作詞は和田隆夫、作曲は歌い手の林伊佐緒本人が手がけた。三橋美智也の『リンゴ村から』や春日八郎の『長崎の女《ひと》』も彼の作曲である。現今はシンガーソングライターも多いが、昭和歌謡の歌手で作曲までした人は林伊佐緒くらいではないか。

リズム感のとてもよい曲だが、私はとくに出だしが好きだ。〈赤いドレスが〜〉といきなり最高音部から始まるメロディが独創的で、初めて聴いてすぐに好きになった。一番で男と女が出逢い、二番で恋に発展し、三番で別れを迎える。一、二、三番ではっきりテーマが分かれ、恋と別れが清らかな哀愁とともに歌われている。

出逢って、恋をして唇を重ね、そして、涙ながらの別れに至る。これはまさに、私の恋愛のパターンでもある。赤いドレスは、私が昔、好きだった人がよく着ていた。そして、女房も赤いドレスをよく着ていた。だから、ユーチューブでこの歌をうっとりしながら聴く時は「君は赤いドレスがよく似合っていたなあ」と言う。女房はとても喜んでくれる。赤いドレスのよく似合っていた昔の彼女を思い出していることもあるのだが。私は世間では〝正義の味方〟で通っているが、女房には時折、と言うかしばしば嘘もつく。

昭和二十年代から三十年代は、ダンスが流行った。ダンスパーティに出かけるか、喫茶店に行ってお喋《しゃべ》りをするか、このふたつが男女交際の主流だった。われわれ学生はダンスパーティとは言わないで、〝ダンパ〟と言っていた。大学ではいろいろのサークルが、資金集めもあって〝ダンパ〟を企画し、パーティ券を売って人を集める。私もよく買わされた。

ただ、私はダンスパーティには一切行かなかった。十代、二十代の頃、今からは想像もつかぬほど清潔清廉だった私は、女の子の手を握ることなど恥ずかしすぎてとうていできなかったのだ。高校でのフォークダンスすら一度も参加せず、周囲の友達には「あんなくだらないことできるか」と格好をつけ、内心ではよだれを垂らしながら輪の外で見ていた。

父はダンスが非常に好きだった。今の気象庁の前身である中央気象台で働いていた父は、独身時代、富士山頂で七年間越冬した。冬の四カ月間を富士山頂観測所に籠《こも》り、気象観測をしていた。富士山頂から銀座の灯が見えたらしい。銀座の灯を見て、そこのダンスホールを思い出しながら、椅子を抱いてタンゴやブルースを踊っていたという。父はその後、本格的に練習に励み、全国アマチュアダンス選手権に出場したこともある。予選落ちだったらしいが。

浄化される悲しみ

私もミシガン大学に招かれて渡米する前、二十八歳の時に意を決して吉祥寺《きちじょうじ》のダンス教室に通った。アメリカへ行ったら、社交としてダンスをしなければいけない場面もあるかもしれないと思ったのだ。指導してくれた教室の先生は、四十代の女性だった。ブルース、ジルバ、ワルツなど、一通りの基礎を教わるのだが、私はタンゴで落伍《らくご》した。

タンゴを踊る時は、先生が足を開いたところにこちらの右足をぐっと突っ込まなければいけない。私は、女性の股間《こかん》に自分の脚を深く踏み出すなどという破廉恥はとうていできず、一〇cmくらいしか前に出せなかった。すると「ぶつかるまで出さないとだめ」と叱られた。それでも、うまくできなくて落伍してしまった。

ミシガンで社交ダンスを踊ることはなかった。ところが、コロラド大学へ移って助教授をしている時、政治学専攻の博士課程学生ナンシーとダンスホールに行くことがあった。しばらく食べたり飲んだりしながら〝ゴーゴー〟を踊っていた。音楽がスローになった時、彼女が急に真顔になり、「ごめんなさい、こうさせて」と言って頬を寄せてチークダンスをしてきた。内心驚きながらも、ブルースならダンス教室で褒められたことがある、と自信たっぷりにナンシーを引き寄せ、ロマンティックなブルースを踊っていた。と、私の耳元で「最近別れたフランス人のジャンポールが、新しい彼女と一緒に来ているの」と囁いた。それを発見した彼女は私にしがみつき、「自分にだって、新しいボーイフレンドがいるのよ」と見せようとしたのだった。

日本の恋の歌には、別れがつきまとう。ほとんどが別れの歌、失恋の歌でもある。スペインのフラメンコのように、ただひたすら恋の情熱や素晴らしさを歌い上げる楽曲は、日本には少ない。恋の歌が別れの歌ばかりというのは、日本以外ではポルトガルの歌謡曲、ファドしか知らない。ポルトガル人は隣のスペイン人とはまったく違い、センチメンタルな人々なのだ。

好きな人との別れには何か理由があるが、この理由は時とともに薄められ、悲しみは浄化され、どろどろの愛も清らかな愛に変わっていく。美しく懐かしいものになり、ついには〝もののあわれ〟にまで昇華していく。

二十世紀最大の文化人類学者クロード・レヴィ＝ストロースは、「日本の歌には、平安時代からの日本文学の特徴である〝もののあわれ〟がある」と評した。『ダンスパーティーの夜』も、ただの哀愁のこもった恋の歌ではない。出逢いから別れまでを歌って人生や運命の儚《はかな》さ、悲しみを描き、〝もののあわれ〟の情趣が心に沁み通る、日本の恋の名曲となっている。

初出：『サライ』二〇一九年五月号〜二〇二三年十二月号
「詩歌《うた》の品格」に大幅な加筆と修正

PHP新書

PHP INTERFACE
https://www.php.co.jp/

藤原正彦［ふじわら・まさひこ］

お茶の水女子大学名誉教授・数学者。1943(昭和18)年、旧満洲・新京生まれ。東京大学理学部数学科大学院修士課程修了。理学博士(東京大学)。78年、数学者の視点から眺めた清新な留学記『若き数学者のアメリカ』(新潮社)で日本エッセイスト・クラブ賞を受賞、ユーモアと知性に根ざした独自の随筆スタイルを確立する。新田次郎と藤原ていの次男。他の著書に『名著講義』(文藝春秋読者賞受賞、文春文庫)、『孤愁　サウダーデ』(新田次郎との共著、ロドリゲス通事賞受賞、同前)、ベストセラー『国家の品格』『国家と教養』(以上、新潮新書)、『スマホより読書』(PHP文庫)など。

日本音楽著作権協会(出)許諾第2400951-401号

美しい日本の言霊《ことだま》

歌謡曲から情緒が見える

PHP新書 1390

二〇二四年四月八日　第一版第一刷

著者——藤原正彦
発行者——永田貴之
発行所——株式会社PHP研究所
東京本部——〒135-8137 江東区豊洲5-6-52
ビジネス・教養出版部 ☎03-3520-9615(編集)
普及部 ☎03-3520-9630(販売)
京都本部——〒601-8411 京都市南区西九条北ノ内町11
組版——有限会社メディアネット
装幀者——芦澤泰偉＋明石すみれ
印刷所——大日本印刷株式会社
製本所——東京美術紙工協業組合

ISBN978-4-569-85692-6

PHP新書刊行にあたって

「繁栄を通じて平和と幸福を」(PEACE and HAPPINESS through PROSPERITY)の願いのもと、PHP研究所が創設されて今年で五十周年を迎えます。その歩みは、日本人が先の戦争を乗り越え、並々ならぬ努力を続けて、今日の繁栄を築き上げてきた軌跡に重なります。

しかし、平和で豊かな生活を手にした現在、多くの日本人は、自分が何のために生きているのか、どのように生きていきたいのかを、見失いつつあるように思われます。そして、その間にも、日本国内や世界のみならず地球規模での大きな変化が日々生起し、解決すべき問題となって私たちのもとに押し寄せてきます。

このような時代に人生の確かな価値を見出し、生きる喜びに満ちあふれた社会を実現するために、いま何が求められているのでしょうか。それは、先達が培ってきた知恵を紡ぎ直すこと、その上で自分たち一人一人がおかれた現実と進むべき未来について丹念に考えていくこと以外にはありません。

その営みは、単なる知識に終わらない深い思索へ、そしてよく生きるための哲学への旅でもあります。弊所が創設五十周年を迎えましたのを機に、PHP新書を創刊し、この新たな旅を読者と共に歩んでいきたいと思っています。多くの読者の共感と支援を心よりお願いいたします。

一九九六年十月

PHP研究所